U0107336

# 国学要义精讲读 ①

钱婉约 主编

上海三联书店

# 前言

　　子畏于匡，曰："文王既没，文不在兹乎？天之将丧斯文也，后死者不得与于斯文也；天之未丧斯文也，匡人其如予何？"（《子罕》）

　　这是孔子周游列国途中，形势最为危急的一次困厄。而孔子自信斯文在兹、天道未坠，表现出临危不惧、天命系于一身的气概。这里的"斯文"，指周文王以来的礼乐制度。从此，"斯文"也成为更为广泛代指中国文化精神品质的代名词。

　　清末以来，西学日益昌炽，激发国人对于"斯文"——本国固有思想学术的反思、维护与传承的意识，"国学"一词代兴。推究起来看，从"斯文"到"国学"，到今天"中华优秀传统文化"的提倡，都是在中华历史发展的关键时期上，对于维护传承中国思想文化独特性的时代诉求。

　　于今而言，"中华传统文化"的核心要素是什么？"国学"的要义在哪里？"斯文"又如何发扬光大？探究这些大问题，恐怕首先还是需要相关领域的研究者们，对国学所涉及的基本概念、核心要义、精神实质等等，以专门性与前沿性相结合的研究，进行现代性解析与阐发。

秉此宗旨，北京语言大学人文学院自2017年9月起，组织面对大学生的"斯文讲坛"系列讲座，邀请校内外、海内外相关专家学者，在中国古代思想宗教、文学艺术、历史科技、中外交流等范围内，进行探究国学精粹、普及人文通识的文化学术讲座。

今天呈现给读者的文集，便是此系列讲座一年多来的第一次结集。

首篇韩经太教授《斯文在兹——君子人格的文化生成》，像是本书的纲领所在。以独特而广阔的学术视野，出入儒道经典、诗文名篇，从"原道之道""问仁之仁""游艺之艺"三个方面，为我们勾勒出涵盖哲学宇宙观、社会使命担当与艺术人生情趣三者圆融合一的"中国君子"形象。与此相关联，韩德民教授《从周敦颐的"爱莲"说中国人的"君子"理想》，则是侧重从历史的纵向，探究"君子"概念，指出"君子"所内涵的理想化道德目标与现实性阶层地位相统一或背离的事实，以及宋儒之后理想"君子"对于世俗道德、现实政治超越性的精神追求。

"《仪礼》复原与当代日常礼仪重建"首席专家、三礼研究权威学者彭林教授的《礼乐皆得 谓之有德——古代中国的乐教》，立足当代社会精神文明建设的现实问题，依据儒家经典文本，揭示了礼乐是古代维持政治秩序并进行思想教化的根本手段，"音乐通乎政"，"移风易俗莫善于乐"，是对于中国礼乐教化传统的当代阐释。

另有刘宗迪教授《天文与神话——以"重黎绝地天通"为例》，在人们熟知的"盘古开天辟地"之外，给读者梳理和揭示了更为贴近汉民族上古文明统绪的《大荒西经》日月山上的创世神话。沈纯道先生《雅道的精神——文人的优雅生活方式》，如题所示，从茶道、花道、香道、挂画等多方面，为读者一一揭示了古代文人优雅生活背后的精神意趣。

与大家之文并列，本集也收集了卓有成就的新锐学者、年轻教授的力作。于雪棠教授《〈逍遥游〉的文学性及相关文本问题》，通过精密细致的文本深研告诉读者："《逍遥游》的主旨并非逍遥，而是两个，一是小大之辩，另一个是无名、无功、无己。"这是对于我们泛泛而知的《庄子》"逍遥游"观念的廓清和拓展。类似的论证方法，见于程苏东教授的《诡辞以见义——〈太史公自序〉的书写策略》，全篇似老吏断狱，广征博引，抽丝剥茧，为读者展示了一个环环相扣、运用"诡谲之辞"证明自己"合法性"的司马迁。这是对《史记》记事"信实可靠"的反思与挑战吗？

文集压台之篇是美国罗文大学教授、北京大学长江学者王晴佳教授的《顾颉刚的性格、情感和疑古》，以古史辨代表人物顾颉刚为例，以"情感史学"的视角，深入人物性格心理的细微之处，探究巨细之间的偶然与必然，从性格与情感处看掀动中国现代史学疑古思潮之人物。

大珠小珠落玉盘，未能亲聆"斯文讲坛"的青年学生、读者诸君，展卷而读，掩卷而思，如能引发对于国学要义，对于中国传统文化经典命题，有更深一层的体悟或反思，则本书作者、编者幸矣。

钱婉约

2019 年 6 月于京西畅春园

# 目录

*韩经太*

男，甘肃定西人。北京语言大学特聘教授，教育部社会科学委员会委员。"全国优秀教师"，首批"百千万人才工程"国家级人选。《中国文化研究》杂志主编，曾任北京语言大学副校长。代表作论文多篇发表于《中国社会科学》，代表作专著《中国审美文化焦点问题研究》入选《国家哲学社会科学成果文库》，另有《中国诗学与传统文化精神》《宋代诗歌史论》等专著。

# 斯文在兹
## ——君子人格的文化生成

## 一、原道之道："君子不器"与玄同思辨

孔子曰："君子不器。"这句话的精神向度，与其"君子谋道""君子忧道""朝闻道，夕死可矣"的思想意识高度契合。只要人们把"谋道""忧道""闻道"等话语和"不器"一语联系起来，并参照历代思想家的《原道》论著来做综合思考，就一定会发现：君子人格的养成实践，包含着思考终极真理问题的价值关怀，这是中华先贤"原道"意识的充分体现，我们今天不妨称之为"原道之道"。

与此相关，我们同时会注意到，儒、道两家都有关于"君子多能"的描述。譬如《庄子》有言："凡人心险于山川，难于知

天。……故君子远使之而观其忠，近使之而观其敬，烦使之而观其能，卒然问焉而观其知，急与之期而观其信，委之以财而观其仁，告之以危而观其节，醉之以酒而观其侧，杂之以处而观其色。九征至，不肖人得矣。"此可谓"君子九观"。而汉儒毛亨《毛诗传》亦有言："故建邦能命龟，田能施命，作器能铭，使能造命，升高能赋，师旅能誓，山川能说，丧纪能诔，祭祀能语，君子能此九者，可谓有德音，可以为大夫。"此可谓"君子九能"。

不言而喻，"君子九观"和"君子九能"的陈述，都可以看作是"君子不器"一说的生动注解。"九"为数之极，其精神实质在于"全知""全能"，而这里所谓"全知""全能"的精神实质，又在于整体把握社会文明和世道人心的发生原理和运行规则。在这个意义上，古典君子人格理想，其实是中华先民知识和能力的集大成理想。在今天这个知识膨胀而社会分工却越来越细的时代，这样的人格理想，具有特殊的人格精神启示。

然而，这种关于知识和能力的集大成理想，并不是原生君子人格的最高境界。"君子不器"的哲学解读，还须深入思考《老子》首章之"道可道，非常道；名可名，非常名"与其二十五章"有物混成，先天地生。……吾不知其名，强名曰道，强为之名曰大"之间的思辨性关联。其实不难发现，《老子》所谓"玄之又玄，众妙之门"的玄同思辨，从一开始就具有超越于西方阐释学"道"中心主义的中华智慧特征。

关于这种哲思智慧，有人概括为整体思维，有人概括为直观思维，有人强调其实践理性，有人强调其感悟特质，总之，都在强调其有别于西方逻辑理性的东方特色。今天我们再来讨论与此相关的各种问题，首先要破除中华先贤缺乏哲学思辨理性的文化误解。应该看到，"君子不器"的人格理想，恰恰是一种诉诸形而上哲思的"思想者"主体精神的体现，而这一"思想者"主体不仅具有建立在"九观""九能"基础之上的"全知全能"诉求，而且从一开始就具有作为"道"之命名者的主体自觉，这显然已经超越"全知""全能"而去探询天地万物之本源了。

于是，"君子不器"的人格理想，就有了包容所有和超乎所有的辩证智慧，在中华先哲的特殊话语中，此之谓"有无之辩"，缘乎此，又有持之以恒的"言意之辩"等等。

《庄子·逍遥游》曰："至人无己，神人无功，圣人无名。"《老子》曰，"大象无形""大音希声""大方无隅"。《论语·阳货》："子曰：'予欲无言。'子贡曰：'子如不言，则小子何述焉？'子曰：'天何言哉？四时行焉，百物生焉，天何言哉？'"如此等等，贯穿其间的"无"，和"君子不器"的"不"相通，共同显现出中华君子人格理想内在超越的特殊思维方式。对此，学术界的讨论已经非常充分，这里不必赘言。

这种内在超越的人格理想，又被表现为另一种精彩的思辨语言：魏晋玄学时代的王弼，在讨论"圣人有情"与否的问题时指出，"圣人茂于人者，神明也。同于人者，五情也。神明茂，故能体冲和以通无，五情同，故不能无哀乐以应物，然则圣人之情，应物而无累于物者也。今以其无累，便谓不复应物，失之多矣"。请注意这个"茂"字，以及区别于"异同"的"茂同"关系。生命经验意义上的更加丰满和茂盛，哲思抽象意义上的超越有限之无限，以及"无极之外，复无极也"，如此等等，人们尽可举一反三。无论如何，鉴于"茂""同"之间的语言哲学关系，我们对于古代哲学美学以"无"为关键词的玄妙表述，是否需要来一番新的思考呢？

看来，我们应当确认君子人格之文化生成从一开始就具有的哲思内涵，从而充分认识中华智慧的独特魅力，是非常必要的。

## 二、问仁之仁：民生理想和人本精神

在聚焦儒家传统文化以阐发中华文化核心精神的时候，需要着眼于孔门师生每每由"问仁"而引发讨论的问题意识，以便开拓出一种可以称之为"问仁之仁"的思想新视野。

《礼记·中庸》说："仲尼祖述尧舜，宪章文武。"孟子又说："人人皆可成尧舜。"这意味着，儒家君子人格理想的远古典型，应该就是尧舜。也正是因为如此，孔子在回答子贡"问仁"和子路"问君子"之际，以完全同样的话语批评尧舜之未能尽善尽美，就是一件值得高度关注的思想史事件，其中必定深含着儒家君子人格之文化生成的内在要素。

《论语·雍也第六》曰：

> 子贡曰："如有博施于民而能济众，何如？可谓仁乎？"子曰："何事于仁？必也圣乎！尧舜其犹病诸！夫仁者，己欲立而立人，己欲达而达人。能近取譬，可谓仁之方也。"

又《论语·宪问第十四》曰：

> 子路问君子。子曰："修己以敬。"曰："如斯而已乎？"曰："修己以安人。"曰："如斯而已乎？"曰："修己以安百姓。修己以安百姓，尧舜其犹病诸？"

经典需要细读和精解。上述两则的生动记述首先告诉我们，原始儒家心目中至高无上的"圣人"，其实就是"君子"。宋代周敦颐曾提出"士希贤、贤希圣、圣希天"的修养论，后人简称之为"三希真修"。其中所谓"天"乃是"天理"所存处，在具体指向现世人格修养的领域里，"希圣"显然属于最高境界的人格修养诉求。但是，孔夫子却告诉大家：

其一，如果把"博施于民而能济众"看作是"仁"的理想境界，那尧舜还没有达到这种境界，也就是说，尧舜仍然处在"仁之方"的发展道路上。求其言外之意，是在说"圣"作为君子人格理想的完美实现，作为儒家仁政理想的完美实现，永远存活在人类的理想之中。若要以这种完美理想为标准来衡量现实中的人格典型，即使杰出如尧舜，也是有缺陷的。而尤其重要的是，被孔子确认为"必也圣乎"，从而已经高于传说中"三代盛世"标志人物尧舜之治国成就的社会文明内涵，其实就是"博施于民而能济众"的民众福祉之追求。很清楚，君子人格理想的社会政治内涵，具有民生主义的思想性质。

熟悉中国儒家文化之发生原理与发展轨迹的人，至此自然会联想到，关于君子人格的讲求之路，主要是沿着"内圣外王"的方向来推进的。从"内圣外王"的内在价值规定出发，孔子对尧舜的批评就更显得意味深长。如果说中华道德政治的基本理念，是"道德规范权力"和"德政以民为本"两大原则的实践统一。那么，孔子把检验圣人君子的客观标准，确定为"博施济众"的民生政治实践，这就意味着古典民本主义的实质是民生主义。不以民生主义为内涵的民本主义，很可能成为"得民心者得天下"这种政权获取机制中的权宜之计。更何况，孔子与子贡借"问仁"而阐明的圣人君子之道，最终是一条永远在路上的民生政治道路。

其二，同样是批评尧舜，"博施济众"的出发点和"修己以安百姓"的出发点，显然是有区别的，如果说前者体现了物质上的民生主义，那后者就体现出精神上的民生主义。为什么这样说呢？关键在于"修己以敬"的那个"敬"字！

朱熹曾说："盖圣贤之学，彻头彻尾只是一个敬字。""是以君子之心常存敬畏。"有现代学者指出，"畏"是"敬"的极度形态，儒学伦理因此而具有某种形而上的深沉宗教意味。

通俗地讲，君子自我修养之际，仿佛与孔子"君子有三畏：畏天命，畏大人，畏圣人之言"所说的"天命""圣人"同在，于是就会心存敬畏而庄敬自重，就会心怀虔诚而自尊自信。待到"修己以安人"，也就是进入人们常说的"推己及人"的君子人格之人际关系，除了彼此共同的敬畏之心的自然沟通之外，必然还有彼此之间"美人之美""自尊尊人"的精神内容。循此以进，然后抵达"修己以安百姓"之际的"主敬"境界，"修己以安人"的一般人际关系，值此转化为"修己以安百姓"的社会政治关系，和"修己安人"比起来，"修己以安百姓"讲的是社会上下关系，是帝王君主与百姓大众之间的统治与被统治的关系。从这个角度去领会，"尧舜其犹病诸"的根本原因，应该说，正在于没有真正实现上下之间的相互敬重，换言之，孔子值此而提出了敬畏百姓和百姓尊严的问题。

综上所述，孔门师生"问仁"与"问君子"之际的人格理想阐释，不仅指明了永远的民生政治主题，而且阐明了鲜明的人本主义价值观。

需要特意指出的是，孔儒"修己以安百姓，尧舜其犹病诸"的终极性批评，与道家庄子学派所指出的"相呴以湿，相濡以沫，不若相忘于江湖"的理想化社会形态之间，有着一种"儒道互补"的

南宋·马远《高士观瀑图》

内在关系。

通过"鱼水关系"的形象比喻，庄子告诉我们，相互救助这种道德伦理化的人际关系即使再好，也不如理想生态条件下根本不需要相互救助的自由状态。千万不要忽视了此处"儒道互补"的思想意义。

从基本道理上讲，原始儒家心目中"博施于民而能济众"和"修己以安百姓"的希圣君子事业，究竟有没有止境呢？理论上是有的，那就是一直到了民众百姓不再需要物质的救济，同样不再需要精神的安抚。但在社会历史发展的实际中，人类又如何像"穿池以给养"而给鱼类一个理想化的"江湖"那样，给人类一个"相忘于江湖"的"江湖"呢？庄子说："鱼相忘于江湖，人相忘于道术。""道术"何在？在道家庄子学派看来，就是"泽及万世而不为仁"的价值观念，而所谓"泽及万世"，不正是永远的"博施济众"吗？表面上看，道家否定了儒家的"仁"，而在实质上，却是以扬弃的方式发挥了儒家希圣君子的人格理想和社会理想。

## 三、游艺之艺：道德文章与诗情画意

一百年前，李大钊将明代文人"铁肩担道义，辣手著文章"的对联改动一字，成为"铁肩担道义，妙手著文章"，向原来的铮铮风骨之中，注入含蕴灵妙的韵味，从此传诵人口，鼓舞新时代的文化人为中华崛起而前赴后继。作为新文化先驱的代表人物，却又具有涵泳古典的如此学养，这就提示我们，在植根中华优秀传统文化以养成现代君子人格的民族精神塑造过程中，道德文章风骨与诗情画意韵味的两端交融所生成的人格美学精神，始终发挥着不可或缺的作用。

源于孔子"志于道，据于德，依于仁，游于艺"的经典论述，中华传统文化历史地生成了"依仁游艺"这一经典的艺术生活原则。按照朱熹《四书集注》的诠释，这里的"游"是指"玩物适情"。杜绝"玩物丧志"的"玩物适情"，就人之个体而言，意味着思想信念和情感快意的生动结合；就人之集体，亦即人类社会而言，意味着国家民族意识形态与个人感情生活的和谐共融。不言而喻，这都是直接关系到是否"诗意地栖居"的现代人学课题。

站在"诗意地栖居"的君子人格美学高度，我们深切感受到，朱熹确实是懂得艺术审美的思想家，他在阐释君子"依仁游艺"的时候所引入的一个"情"字，是带有宋儒"性情之辩"色彩的"情"字，对这个"情"字的玩味，促使我们再度领略《论语·先进第十一》所描述的那一段生动情节：

> "点！尔何如？"鼓瑟希，铿尔，舍瑟而作。对曰："异乎三子者之撰。"子曰："何伤乎？亦各言其志也。"曰："莫春者，春服既成，冠者五六人，童子六七人，浴乎沂，风乎舞雩，咏而归。"夫子喟然叹曰："吾与点也。"

朱熹《集注》解释道："四子侍坐，以齿为序，则点当次对。以方鼓瑟，故孔子先问求、赤而后及点也。"让我们想象当时的情景，在师生几位各言其志的同时，有一位同学却陶醉于"鼓瑟"，孔子之所以不按序齿顺序而最后才问到他，也正是出于对其"鼓瑟"兴致的内心共鸣，否则，就无法理解他老人家最后"吾与点也"的表态了。

重读《论语》此章，不禁联系到《庄子·渔父》中"孔子游乎缁帷之林，休坐乎杏坛之上，弟子读书，孔子弦歌鼓琴"的集体形象。由孔子的"吾与点也"之意，联想到庄子，其实一点也不奇怪。现在我们读《朱子语类》，其间有很多讨论孔子"吾与点也"之意的内容，而其中就有多处讲到"曾点意思，与庄周相似""他大纲如庄子"等等。经历了魏晋清谈玄谈和汉唐盛世书写的双重洗礼之后，伴随着儒学的心性哲学化而进境于集大成层次的君子人格理想，之所以有着对"'吾与点也'之意"的反复阐述，正是因为"志道据德""依仁游艺"的君子人格典范，已然从经典原则的抽象规范转化为吟风弄月和讲学习礼高度一体化的诗意生活风尚。

当代美学大家宗白华认为，"孔子这超然的、蔼然的、爱美爱自然的生活态度，我们在晋人王羲之的《兰亭序》和陶渊明的田园诗里见到遥遥嗣响的人"，"他自己也能超然于礼法之表追寻活泼的真实的丰富的人生。他的生活不但'依于仁'，还要'游于艺'"。宗白华的阐释学，是中华诗情画意的阐释学。循着宗白华的阐释指向，我们更能领略《兰亭序》和陶渊明田园诗所呈现的君子人格风范。

陶渊明《时运》诗序写道："时运，游暮春也。春服既成，景物斯和，偶影独游，欣慨交心。"这完全可以看作是《论语》"吾与点也"章的唱和篇。陶渊明以他那归耕田园的特殊情怀，抒写出民胞物与的另一番美感形象：

迈迈时运，穆穆良朝。袭我春服，薄言东郊。
山涤余霭，宇暖微霄。有风自南，翼彼新苗。

多么美妙的"春风翅膀"的想象！多么生动的春风在新苗初生的田野上翼然掠过的形象！正是耕作生活所养成的带有泥土气息的直觉敏感，使得田野春色的生动细节在诗人天才的创意写作中凝练成传诵千古的"名句绝唱"。岂止如此，"有风自南，翼彼新苗"，淳朴自然的艺术语言，呈现出特别富于诗情画意的生活景象，即便是相隔一千六七百年的当代读者，只要你深入体味"翼彼新苗"的诗意形象所传达的情感内蕴，就会油然生出自己的生命与整个大自然息息相关的爱怜和快慰。这便是诗情画意中的君子人格。陶诗接着写道：

> 延目中流，悠想清沂。童冠齐业，闲咏以归。
>
> 我爱其静，寤寐交挥。但恨殊世，邈不可追。

陶渊明是在自觉传承孔子的"吾与点也"之意。而这不仅仅是陶渊明个体的自觉，实质上是整个时代的自觉。自从魏晋士人以"越名教而任自然"的主体"自然"情怀，发现并艺术地再现了客观自然之美，伴随着山水诗的兴起发展以及日后山水画的兴起发展，人与大自然的美感交融、诗歌语言艺术与绘画视觉艺术的美感交融，历史地成为君子人格养成的文化生成背景。值得注意的是，《兰亭序》所描写的"仰观宇宙之大，俯察品类之盛，所以游目骋怀，足以极视听之娱"的美感自由，包含着"俯仰一世"而有感于"向之所欣，俯仰之间，已为陈迹，犹不能不以之兴怀"的生命哲学的感悟。所以，宗白华赞赏不已的"晋人的美"，可以说是一种深含生命哲学意蕴的诗情画意化了的人格风范，宋儒阐发孔子"吾与点也"之意的所有文字，因此也无不含有诗情画意的深长韵味。通观君子人格之诗情画意的"意象"呈现，人们会注意到一组非常有典型意义的自然人文意象："清风明月""吟风弄月""光风霁月"。三者之间的微妙关系，难道不值得去探究一番？

苏轼《赤壁赋》写道："惟江上之清风，与山间之明月，耳得之而为声，目遇之而成色，取之无禁，用之不竭，是造物者之无尽藏也。"所有类似的"清风明月"意象，包括再度凝练而生成的邵雍《清夜吟》的"月到天心处，风来水面时"，尽管已经含蕴着当代美学家所谓"瞬刻永恒"的诗意哲学底蕴，仍然可以看作是对客观宇宙的意象化表现。而《宋史·周敦颐传》所描述的"自再见周茂叔后，吟风弄月以归，有'吾与点也'之意"的"吟风弄月"，分明凸显了人物的主体精神风貌，在诗意的吟咏之间"玩物适情"。那个被诗意人格的主体所玩赏的对象，同样是"月到天心，风来水面"之"风月"，黄庭坚的《豫章集·濂溪诗序》写道："周茂叔人品甚高，胸怀洒落，如光风霁月。"其中"光风霁月"的诗意形象所象征的"人品甚高，胸怀洒落"的人格境界，究竟有哪些不同于"清风明月"和"吟风弄月"的特殊性和独到性呢？

聚焦"光风霁月"意象而充分展开你的联想和想象，必将发现，这分明是一种寄托着世道清明与精神洒落双重意蕴的人格理想，"光风霁月"这一含蕴着"雨雪放晴"之特殊意味的直觉形象，直觉性地表现出身处阴霾者忽见晴光明月之际的精神愉悦，以及对"出淤泥而不染"之清明高洁之美的特殊追求。众所周知，如《明道传》所载："自十五六时，与弟颐闻汝南周敦颐论学，遂厌科举之业，慨然有求道之志。"二程后来回忆："昔受学于周茂叔，令寻颜子、仲尼乐处，所乐何事？"二程见周敦颐"吟风弄月"而领悟其有夫子"吾与点也"之意，分明是一种对原始儒家之"孔颜乐处"的重新领悟，一方面是通过"乐道"而非"乐贫"的人生价值确认，坚定"求道之志"，另一方面则是把"吾与点也"之意和"魏晋以来"流连自然风景的人生情趣艺术地结合起来，从而收获精神生活的丰满充实。与此同时，和"吟风弄月"相比，"光风霁月"的人格意象，又呈现出"举世皆浊我独清"式的人格高洁特征，并因此而赋予高明清远的人格理想以独立不移的高贵精神。

在君子人格价值建构过程中，中唐以来复兴"古文""古道"的道德文章讲求，实现了与诗情画意讲求的人格精神统一。

其实，人们已经越来越清楚地认识到，宋人通过对魏晋风度的批判性接受，自觉建构起新的"精神贵族"的思想文化传统。欧阳修说："陋巷之士得以自高于王侯者，以道自贵也。"苏轼说："吾侪虽老且穷，而道理贯心肝，忠义填骨髓，直须谈笑于死生之际，若见仆困穷便相于邑，则与不学道者大不相远矣。"赞赏周敦颐人格如"光风霁月"的黄庭坚，又说："余尝为诸弟子言：'士生于世，可以百为，惟不可俗，俗便不可医。'或问不俗之状，余曰：'难言也。视其平居无以异于俗人，临大节而不可夺，此不俗人也。士之处世，或出或处，或刚或柔，未易以一节尽其蕴，然率以是观之。'"又云："在朝之士，观其见危之大节；在野之士，观其奉身之大义。"总而言之，"宋型文化"的主体精神，是在庶族文士大量进入社会主流层的历史形势下，士人"以道自贵"而自觉改造"魏晋风度"和"晋宋雅韵"，从而实现"名教"与"自然"双重主题的人格精神塑造，并以此而在文化世俗化的历史走向中支撑起"高风绝尘"的高雅气象，集道德文章和诗情画意于一身，富有书卷涵养，兼通百家技艺，自觉建构起涵涉广泛而道通为一的文艺思想精神。

我们特别需要领会和传承这种现实情怀和超越意趣深度融合的人格追求，我们更要意识到，这实质上是深邃的哲学宇宙观念、坚韧的社会使命担当和潇洒的艺术生活情趣的圆融合一，是"原道""问仁""游艺"的圆融合一。"原道"而生成的"原道之道"，是中华文化所塑造的"哲思主体"之思想方法的集中体现；

"问仁"而生成的"问仁之仁",是中华文化所塑造的"仁政主体"之政治理想的集中体现;"游艺"而生成的"游艺之艺",是中华文化所塑造的"审美主体"之文艺精神的集中体现。三者之间的关联方式,也正是君子人格的生成秘密所在,孔子原创的志道据德、依仁游艺,并没有穷尽其间的思想精神探询,留给我们"接着说"的创造性阐释空间,仍然是非常深邃和广阔的。

彭林

男，江苏无锡人。历史学博士、清华大学首批文科资深教授。主要从事儒家经典《周礼》《仪礼》《礼记》的教学与研究，国家社科基金重大项目"《仪礼》复原与当代日常礼仪重建"首席专家。在清华大学讲授的"文物精品与文化中国""中国古代礼仪文明"均被评为国家精品课程。曾获"北京高校教学名师""清华大学首届十佳教师""良师益友"特别奖、首届新百年教学成就奖等称号。有《中国古代礼仪文明》《文物精品与文化中国十五讲》《周礼主体思想与成书年代研究》等多种著作。

# 礼乐皆得　谓之有德
## ——古代中国的乐教

　　古人在解释某一个字的时候，喜欢用同音字来注解，其中最经典的证明，是汉代学者刘熙的《释名》，书里的名物语词都用声训来解释，比如说"春者，蠢也"，什么是春天？万物苏醒了，蠢蠢欲动了，那就叫"春"；再比如"土者，吐也"，什么是土呢？能够吐出稻子、麦子、蔬菜等的，就叫"土"，土生万物。同样，"德者，得也"，什么是道德？能够得到人生与社会真谛的人，就是有德之人，亦即得道之人，因为把真理弄明白，追求到了。《礼记》有一篇叫《乐记》，其中有"礼乐皆得，谓之有德"一语，"礼"和"乐"的真谛都得到了，那么就是有德之人。

前几年，我在中华书局出版了一本讲演集，起名《礼乐人生》，意思是人的一生都应该用"礼乐"来规范、指导。中国文化的核心是"礼"，这"礼"就包含着"乐"。若是讲得周备一点，叫"礼乐"，讲得简略一点，就叫"礼"。为什么"礼"包含"乐"？从《礼记》可以非常清楚地看出。但很多人，对于礼乐文化的认识并不到位。比如说，有人认为举行"礼"的时候要伴奏，伴奏的就是"乐"，所以叫礼乐文化；也有人认为，"礼"是约束人的，令人感到紧张，而人不能总是处在紧张状态，所以要用"乐"来舒缓、放松一下。可见，我们对于自己文化的认识亟待提升。这个基本问题如果弄不清楚，却在说捍卫、弘扬传统文化，就是空话。

音乐是人类普遍的文化现象。无论哪个民族，当它的文明发展到一定阶段，都会出现音乐生活。无论是非洲、拉丁美洲、欧洲、亚洲，还是西藏、新疆、云南，或是中原地区，但凡文明到了一定阶段，都会跟音乐结缘。特别需要指出的是，全世界没有一个民族像中国这样，把音乐作为教化的工具。《礼记》有一篇解释六经的《经解》，提到孔子的六经之教，包括诗教、书教、礼教、乐教等，其中，以礼为教称"礼教"，以乐为教称"乐教"。中国人不仅是把"乐"作为娱乐的方式，更重视它对于教化民众的作用。某种程度上讲，儒家把乐教放在比礼教还要高的位置。

## 一、中国上古的音乐成就

提到音乐，大家都会想到西洋的交响乐队，使用铜管乐器；一旦提到中国乐器，就会想到胡琴、笛子，感觉中国的音乐很土、很落后，这是不对的。中国是一个音乐发端非常早的国度。根据文献记载，中国音乐的起源可以上溯至黄帝。相传黄帝时涌现了许多发

宋徽宗《听琴图》（局部）

明创造，其中之一就是发明了十二律。史书记载，黄帝曾任命一位名叫伶伦的乐官创作十二律。另外，音乐中还有1（哆）、2（来）、3（咪）、4（发）、5（嗦）、6（拉）、7（西）七声音阶，它们之间的音高不是平均的，1（哆）、2（来）、3（咪）三个音阶是一样的，到了4（发）的时候，音阶比较小，是个半音，到7（西）的时候，又是半音。而在一个复杂的演奏当中，比方说编钟，需要旋宫转调，比如1（哆）这个键可以按在任何一个地方，它的前提就是要把七声音阶平均分割成十二律，这是一个非常复杂的技术难题。伶伦是把竹管做成吹奏乐器，模仿凤（雄的）和凰（雌的）的叫声，把它分成"六律""六吕"，即六个阳律、六个阴律，合起来就是十二律。根据这个说法，早在五千年前，中国人就已经懂得十二律。

《尚书·尧典》有这样一段对话："帝曰：夔 [kuí]，命汝典乐，教胄（zhòu）子，直而温，宽而栗，刚而无虐，简而无敖。诗言志，歌永言，声依咏，律和声。八音克谐，无相夺伦，神人以和。"夔曰："於！予击石拊石，百兽率舞。"当时舜帝任命了一批官员，其中一位叫夔，他的职责是"典乐"，专门掌管音乐教化，主旨是教育"胄子"，就是贵族子弟，教他们学习音乐。"教胄子，直而温，宽而栗，刚而无虐，简而无敖"，通过学习音乐，使自己能做到正直而温和，宽厚而懂得敬畏，刚毅而不暴虐，行事简而无敖。"诗言志，歌永言，声依咏，律和声。八音克谐，无相夺伦，神人以和。"古代的诗可以歌唱，而音乐又离不开诗，诗可以抒发人的心志，歌可以把人要说的话拉长，尽情抒发。"八音克谐"的"八音"，是指用金、石、土、革、丝、木、匏、竹等八种材料制作的各式各样的乐器，比如，用土做的陶埙、用金（古代指铜）做的钟、用石头做的磬等。"克"是能够的意思。"八音克谐"，就是"八音"一起奏响时，彼此协调和谐。

中国人从音乐当中悟出了和谐的道理。"笙"的竹管，要有高低、粗细、长短的差异，才能奏出各种乐音。假如只有一根管子，或者所有的竹管都一样，就无法演奏。社会也是如此，社会是由不同的人组成的。各种特长不同、思维不同的人在一起，和而不同，和谐相处，好比"笙"的几根管子，高低、粗细、大小不同，但是围绕着一个主旋律演奏，曲子才会丰富而和谐。既不放任，又能保留各自的个性，找到结合点，形成最大的共性，这就是中国人的"和而不同"的思想。夔说，"於！予击石拊石，百兽率舞"，啊！我重重地敲击磬（石），凤凰来仪，连鸟兽也都随之起舞。遗憾的是，《尧典》的这些记载，长期以来被人们所怀疑。然而，考古发掘为学术界提供了大量的材料，所呈现的事实比文献记载的还要惊人得多。

在河南舞阳县有一个名不见经传的小村子——贾湖，贾湖遗址的古文化的年代，比仰韶文化还要早，距今七千年到九千年，而仰韶文化是六千多年。当地有一位小学老师，爱好考古学，他经常在地里捡到陶片，他搜集起来后，向文保部门报告，文物保护部门据此进行了发掘，遗址的面积非常大，至今都未挖完。在众多的出土文物中有一项轰动学术界的成果，就是发现了十六支用鹤类的肢骨制作的骨管，就是将仙鹤腿骨的两端截掉，再在骨面的一侧钻孔。骨管或者放置在死者右手边，或者放置在两腿之间，具体位置不一。出土的时候，骨管里灌满了土。凭直觉，大家认为应该是笛子，可是又不同于今天所见的笛子，它没有吹孔，也没有贴膜的孔，只有七个挨得很近的孔。考古队把它拿到北京中国音乐学院，请音乐史专家和民乐演奏家来鉴定。专家们一看，断定这是笛子，说这种乐器在中国新疆、中亚细亚一带民族中还有使用，只不过它不是横吹的，是竖着吹的，吹奏时需要有一个角度，把气吹到内壁上，产生一种震荡。经过音乐学家试吹以及仪器测音，发现完全可以吹奏乐曲，确认是乐器。据说这样的笛子前两年又有发现，合计已经超过二十支。笛子做工精致，足见制作水平之高。

以前，学者们写中国科学史，由于缺乏考古依据，所以非常小心，比如《大百科全书》讲到仰韶文化，说那时"可能"已经会数一二三四五，对于是否会数六，则不敢想，因为人只有五个手指。现在，贾湖的骨笛不但已经有七个孔，而且孔与孔之间距离不等，说明已经懂得音高与孔距之间的某种数理关系了。骨笛表面的某些小孔只比针眼大一点，是用什么工具钻的？九千年前就已做得如此精致，很难想象，因为距今一万年前的山顶洞人做的工具比它粗糙得多。

通过仪器对贾湖骨笛的测定，发现其中有支最好的笛子，每个音孔之间音程的误差都小于五个音分。其中有两个孔，误差几乎为零。真是匪夷所思。今天交响乐团的普通乐手，耳朵听音的误差一般在十个音分以上，优秀的钢琴调音师大概能达到五六个音分左右。而在贾湖时代，没有任何仪器而能达到如此水平，真是了不起。可见，贾湖人不仅有精神生活，有文化生活，而且生活质量还很高、很讲究。贾湖骨笛，是世界上最早的吹奏乐器之一，是国宝级的文物。

"埙"是中国特有的乐器，在甘肃、山西、四川、陕西等很多地方都有出土。甘肃玉门的火烧沟遗址，出土的许多"埙"，外形像一条鱼，身上有几个吹孔，特别漂亮。在陕西临潼的仰韶文化遗址姜寨，也出土了很多埙，形状都不一样。在甘肃、青海地区的马家窑文化遗址出土的一件彩陶，外形像一个扁球，非常漂亮，中间一个圆心，四个吹孔的周围分布着"四大圆"，旁边还有水纹的旋涡，其价值非常珍贵。

四川成都的金沙文化遗址，是一个面积很大的、从商代延续到春秋战国的遗址，出土物品有两块原始状态的石磬，各有一个用于悬挂的孔。商代的陶埙不仅有七声音阶，而且具备了十二平均律中的十一个。殷墟武官村大墓里出土一件用青石制作的磬，形状非常规整，中间用浅浮雕勾勒出一只老虎，故称"虎纹大磬"，是国宝级的文物。类似的石磬，在我国很多地方都有出土。

湖北崇阳出土一件非常典型的商代青铜鼓，上部可以插羽毛等装饰品，下面是一个鼓座，中间两端各有一个可以敲击的鼓面。

湖北随县曾侯乙墓出土的编钟，是世界音乐史上的瑰宝。编钟共六十五枚，分别挂在三层钟架上，中间是铜木结构，总重量达四千四百千克。西洋人的钟是圆的，敲任何一个部分，发出的声音都是一样的。中国的编钟不是圆的，而是合瓦形的；钟的两侧正面呈桥形，敲钟的中间和两侧可以得到两个不同的乐音，称为正鼓音和侧鼓音。这种奇妙的现象，称为"一钟双音"。根据武汉音乐学院测音的结果，编钟的中心区域，音域宽广，达到五个八度。今天的钢琴是七个八度，而曾侯乙编钟比钢琴早了几千年。青铜钟上的铭文总数达几千字，分别标记敲击部位的乐音的名称，以及各国之间不同律名的对照等，极其宝贵。

古代群众性的歌唱活动也非常普及，曾出现很多歌手。《列子·汤问》提到，一个叫薛谭的人，拜秦青为师学唱歌，学了一段时间以后，觉得水平跟老师差不多了，所以就辞别老师，不想再学下去。老师听了非常伤感，但又不便强留，就在郊外为他饯行，秦青"抚节悲歌，声振林木，响遏行云"，歌声高亢，连流动的云彩都停下来听他歌唱。薛谭方知自己水平太差，真不该这么浅薄，非常惭愧，所以向老师认错，留下来继续学习。

《列子·汤问》还提到一位名叫韩娥的民间女歌手，她游历到齐国后断粮了，便在临淄城下唱歌求食，她美妙婉转的歌声吸引了很多民众，人们纷纷赠以食粮，于是她继续上路。韩娥离开之后，人们惊讶地发现，已经过去三天了，家里屋梁上还回荡着她的歌声，这就是"余音绕梁，三日不绝"的典故。

有一本书叫《昭明文选》，其中《宋玉对楚王问》一篇讲到："客有歌于郢中者，其始曰《下里巴人》，国中属而和者数千人。其为《阳阿薤（xiè）露》，国中属而和者数百人，其为《阳春白雪》，国中属而和者数十人而已。"宋玉是与屈原同时代齐名的一位学者。某日，一位来客在楚国的都城郢中唱歌，一开始唱的曲子叫《下里巴人》，他在城上唱，下面数千人跟着唱；后来又唱《阳阿薤露》，这个歌比较难唱，所以只有十分之一的人能附和着唱；最后唱《阳春白雪》，音调非常高，结果，只有数十人能附和。从这里可以看出，当时的群众性歌咏活动有多热烈。

## 二、儒家的音乐理论

刚才我们讲了先秦时期的乐器及演奏技巧，以及群众性歌唱活动的盛况。到春秋战国之际，在器乐、声乐都发展到相当高的水平以后，儒家开始研究音乐理论。音乐的本质是什么？它是怎么起源的？功用又是什么？音乐与民风以及国家的兴衰关系如何？以此为基础，儒家提出了乐教理论。

关于音乐的起源和作用，学术界有不同的说法。有一种说法认为：远古时气候比较潮湿，人的血脉不通，关节容易出问题，所以要蹦跳，舒展筋骨。《吕氏春秋》有一篇提到，古代有个部落叫葛天氏，"三人操牛尾，投足以歌八阕"。甲骨文中的"舞"字，像双手各拿一根牛尾巴作为跳舞的道具。"投足"，就是用脚踩节拍。"八阕"，有人认为是八段舞蹈。《史记·乐书》讲"故音乐者所以动荡血脉，通流精神而和正心者也"，认为音乐的作用，既可以让人的血脉流通，又可以调理人的精神和心性。

礼乐的本质不在于外在形式。《礼记·乐记》说："乐者，非谓黄钟大吕弦歌干扬也，乐之末节也，故童者舞之。铺筵席，陈尊俎，列笾豆，以升降为礼者，礼之末节也，故有司掌之。"

提到古代音乐，大家就会想到"黄钟大吕"、"弦歌干扬"。这里"干"指盾牌，是防御型兵器；"戈"是进攻型兵器。那时的舞蹈，会表现武王伐纣的战争场面，所以手上要举盾牌持戈。然而，《乐记》又讲，干戈之类，只是乐舞的外在形式而已，属于"乐之末节"，乐舞的本质也不在此，所以，只是让一帮小孩跳跳，叫作"童者舞之"。古代行礼时要在地上铺席子，就像今天日本、韩国那样，跪坐在席子上。"铺筵席，陈尊俎，列笾豆，以升降为礼者"，像吃饭铺席、陈列酒器和俎、排列笾豆，以及安排谁先谁后，都是礼的末节，把它交给工作人员"有司"去做就可以了。君子关注的是"礼乐"所要表达的灵魂。

儒家音乐理论的基本的观点是"声、音、乐三分"，就是将今人所说的"音乐"分为三个由低到高的层次：声、音、乐。

音乐的起源与人的心理活动、人的情感直接相关。《礼记·乐记》说："凡音者，生人心者也。情动于中，故形于声。声成文，谓之音。"乐为心生，是从心里发出的，所以《乐记》说"情动于中"。外界的某件事物，把人的心打动了，情感在心里动起来，就会"形于声"，就会情不自禁地发声。

《诗经》曾经有《毛诗》《齐诗》《鲁诗》等几种版本，流传至今的只有《毛诗》。《毛诗序》说："情动于中而形于言，言之不足，故嗟叹之；嗟叹之不足，故永歌之；永歌之不足，不知手之舞之、足之蹈之也。"一个人的心被打动后，情萌动而形于言，但仅仅"形于言",尚不能把内心的情感充分地表达出来,所以就会再"嗟叹之";如果还不足,就"永歌之","永"就是长,唱歌就是要把声音拉长;如果"永歌之"还不足,就会"手之舞之、足之蹈之",投足而歌。这是人的情感的系列升华,慢慢高涨,形成了各种表达情感的方式。

这里说到的音乐有两个层次,一是由于"情动于中"而"形于声",把内心的情用"声"表达出来。"声"是音乐的最低层次,动物都能感知,它非常单调,没有层次,表达的方式也非常直白。人的感情非常丰富,"声"的层次难以表达。《管子》说,将一根81寸长的丝悬空地固定在木板上,弹拨它不同的位置,就可以得到宫、商、角、徵、羽等乐音,由此发现了七声音阶的奥秘。通过七声音阶来创作歌曲,赋予它调门和旋律,以此表达人的情感,不仅表现力大为丰富,而且有了审美价值,更能打动别人的心。所以,第二个层次叫"音",《乐记》说"声成文,谓之音","文"是文采、规律,是一种利用乐理知识创作的乐曲来表达情感的方式。

"音",相当于今天所说的音乐,种类很多。不同的音乐,给人以不同的感受:有的让人悲伤、让人流泪,长期听了,人会振作不起来;有的非常狂热,像迪斯科、摇滚,再加上旋转的彩灯,令人躁动;也有的气象庄严,令人肃然起敬;江南的民歌,温柔、婉约、柔和,又是一种风格。不同的音乐其作用也不一样,好的音乐能够催人向上,让人的心智沿着正确的方向走;也有的音乐就让人沉溺不起,比如,抗战期间,前线将士在浴血奋战,可是在大上海,有些人却在灯红酒绿中,唱亡国之音。音乐对人的影响很大,一个人喜欢听什么样的音乐,他的气质也会随之改变,经常听古典音乐的人,就会有书卷气,与那些经常听躁动音乐的人,肯定不一样。

不同的音可以带来不同的感受，儒家开始思考，对于"音"，绝对不能放任自流，否则人心会杂乱。因此，认为应该从"音"里面再分出一个层次来，这就是"乐"。只有能够体现道德教化的"音"，才有资格被称为"乐"，所以《礼记·乐记》说"德音之谓乐"。乐，思想上是健康的、纯正的，风格上是舒缓的、典雅的，听了之后，有利于人的身心和谐以及社会的安定。无疑，这样的乐曲才是社会所需要的。

"音"和"乐"很相近，都是利用七声音阶，根据一定的旋律、一定的调门创作出来的，但是它们并不相同。这正是《礼记·乐记》中孔子的高徒——子夏说的"夫乐者，与音相近而不同"所体现的理念。

《礼记·乐记》还说："君子乐得其道，小人乐得其欲。以道制欲，则乐而不乱；以欲忘道，则惑而不乐。"人不能没有快乐，人一快乐就想跳舞或者唱歌这些娱乐活动。"君子乐得其道"，君子最感兴趣的，是要在这种文娱活动中把握住它的道，"小人乐得其欲"，小人只是追求一种感官的发泄，没有道德，没有思想。虽然感官的刺激和欲望有其合理性，但如果能用道来制约，就是乐而不乱。如果"以欲忘道，则惑而不乐"，如果只想着感官刺激，而忘记了人的一言一行、一举一动都应受到理性的指导，就会迷惑、迷失方向，就不会有真正的快乐。如果爱唱什么就唱什么，不知道用道去制约，社会风气就会受影响，古人都知道这个理念，所以，要懂得"以道制欲"，倡导健康、高雅的歌曲，那么，社会风气才会端正。

"德者，性之端也"，人心显露在外的，是德。人心的仁、义、理、智四端都是德的体现。"乐"是"德之华"。这里"华"和"花"相通，陕西有座华山，实际上应读"华"（入声），因为它的五座山峰像一朵莲花。"金石丝竹，乐之器也。诗言其志也，歌咏其声也，舞动其容也。三者本于心，然后乐气从之。是故情深而文明，气盛而化神，和顺积中而英华发外。"（《礼记·乐记》）这是一种健康的、表达道德的音乐。金、石、丝、竹，是表达这种情感的器具。

　　"凡音者，生于人心者也；乐者，通伦理者也。是故，知声而不知音者，禽兽是也；知音而不知乐者，众庶是也。唯君子为能知乐。……是故，不知声者不可与言音，不知音者不可与言乐。知乐，则几于知礼矣。礼乐皆得，谓之有德。德者，得也。"（《礼记·乐记》）"音"，它是人的心声。"乐者，通伦理者也"，从"音"分出来的"乐"，是通伦理的，人有伦理，而动物没有伦理。"知声而不知音者，禽兽是也"，禽兽只懂得"声"，只听到各种声音。"知音而不知乐者，众庶是也"，只懂"音"而达不到"乐"的层次，是众庶，因为众庶没有机会接受这种教育，没法选择，所以只能在"音"的层次上，而不知还有更高层次的"乐"。"唯君子为能知乐"，君子是有学问、有品位的精英分子，他们懂乐。"不知声者不可与言音"，如果连"声"都不懂，那讨论什么"音"？"不知音者不可与言乐"，如果连"音"都不懂，那怎么讨论"乐"呢？"知乐，则几于知礼矣。"懂得"乐"，就一定懂得"礼"。"礼乐皆得，谓之有德。德者，得也。"所以，看一个人的层次，只要聊上几句话就能看得很清楚，就可知道热衷什么，喜欢什么。古代有道的君子是按照礼乐来生活的。

## 三、音乐通乎政

　　古代君子特别注重音乐以及流行什么样的音乐。音乐与一个政权、一个政府的为政得失紧密相关，而且与社会风气紧密相关。流行什么样的音乐，就可以知道这个社会处在什么状态。如"文革"时流行造反有理的歌曲，把整个社会风气、整个人性都给扭曲了。再说苏州人的说话，吴侬软语，跟唱歌一样，音乐性非常强，他们的评弹都是软绵绵的，如果是女同志讲，就很好听，但若是男同志讲，就像是娘娘腔，所以这个地方出才子佳人。这里的民风也特别温文，看《红楼梦》就可知道，金陵是指江苏，江苏两个大府，一个江宁府，一个苏州府，"温柔富贵乡，风流繁华地"，出了贾宝玉、林黛玉这样的才子佳人。再去西安看看，西安人的秦腔激越高亢，人们在田里吼着嗓子唱，所以那里的民风比较彪悍。民风的形成和很多因素有关，其中很重要的就是音乐。因为音乐每人都会唱，一个人经常唱什么，这个人的情绪就是什么。音乐与领导的提倡也很有关系。再者，音乐跟政治也有关系，《吕氏春秋》就提到"音乐通乎政"。

《吕氏春秋·音初》说："闻其声而知其风，察其风而知其志，观其志而知其德，盛衰、贤不肖、君子小人，皆形于乐，不可隐匿。故曰：乐之为观也深矣。"如果张嘴唱出的是秦腔，就可知是西北的民风；如果是吴侬软语，就可以知道是苏州一带的。通过这些风气，可以知道人们的志向，他们崇尚什么，根据志向又可以知道德。所以一个社会的盛衰，一个人是贤还是不肖，是君子还是小人，只要听听音乐就能发现，那是隐藏不了的，而且可以了解得非常深。

据《礼记·王制》记载，上古君王要定期到四方巡守，十二年一周天，因为天上的岁星十二年走一天。天子是天的儿子，所以，他分别要用三年的时间，到东西南北四方视察，十二年巡守完。巡守时，必须要到民间了解民风、民情。天安门前有对华表，天安门里面也有一对，华表的顶上都蹲着一只小兽，只不过，天安门前面的华表那两只是朝外看的，里面的华表那两只是朝里看的。朝里看，是"望君出"，提示皇上要走出深宫到民间去，比如，乾隆下江南，都不想回去了，所以外面两只叫"望君归"，作为帝王，不能流连忘返，要回来打理朝政。

巡守所到之处，地方官员要述职。"述职"这词在《礼记·王制》最早出现。述职时要说的内容很多，其中就要展示当地流行的民歌。天子点名要听，要把老百姓叫来，唱最近流行的歌。如果听到的全是哀怨声，或是讽刺的，或是声色犬马的，会责备当地的官员。因为"上有所好下必盛"，楚王好细腰，宫女多饿死，当官的一天到晚声色犬马，下面的老百姓也就唱声色犬马的歌，那样民风就会变坏，那还怎么治理？如果听到的民歌不仅典雅，而且内容也非常好，随行的采风官就会记下来。

当时的民歌叫"风"。《诗经》有风、雅、颂三类，"风"是十五个国的民歌，是乐官下去采集的特别好的民歌。采来后的民歌在宫廷等正式场合演奏，并在全国推广，这样，风气就比较纯正。比如《诗经》第一篇叫《关雎》，它恰到好处地表达了一个青春期的男子，思念心爱的女子，"辗转反侧，寤寐思服"，哪一天敲着锣打着鼓把她娶回家呢？男子那种渴望美好婚姻的心情表达得恰如其分。

在中国历史上，每逢盛世，必定会出现这个时代的颂歌，相传黄帝时流传下来的乐叫《咸池》，颛顼时代的叫《承云》，帝喾时代的叫《唐歌》，尧时代的叫《大章》，舜时代的叫《韶》。此外还有一些有功于天下百姓的人，也会留下传世的乐章。如大禹治水，留下的歌叫《夏迭》；汤伐桀的歌舞叫《大护》《晨露》；武王克商以后，周公作《大武》。《吕氏春秋·适音》说："故有道之世，观其音而知其俗矣，观其政而知其主矣。"世界上哪个国家是把音乐与政治、与为政的得失联系在一起的？只有中国。

不好的音乐，败坏民风，甚至成为亡国之音。《吕氏春秋·侈乐》多次提到，一个政权快要灭亡的时候，一定会在音乐上有所体现。"夏桀、殷纣作为侈乐大鼓，钟磬管箫之音，以钜为美，以众为观，俶诡殊瑰，耳所未尝闻，目所未尝见，务以相过，不用度量。宋之衰也，作为千钟。齐之衰也，作为大吕。楚之衰也，作为巫音。"夏桀是夏朝最后一个王，纣是商朝最后一个王，他们追求感官的刺激，所以制作"侈乐大鼓，钟磬管箫之音，以钜为美"，乐器以大为美，"以众为观"，以数量多、排场大为壮观。钟的体量过大，声音就很难带来美感和享受，"为木革之声则若雷，为金石之声则若霆，为丝竹歌舞之声则若噪"。声音如雷霆，让人听了难受，"骇心气，动耳目"，超出人们心理的正常承受能力，那就不是享受，而是受罪了，所以说，"以此为乐则不乐"。

音乐是民风政情的反映。《礼记·乐记》说："治世之音安以乐，其政和。乱世之音怨以怒，其政乖。亡国之音哀以思，其民困。"社会治理得好，就一定和谐，音乐都会悦耳美妙，非常享受。"乱世之音怨以怒，其政乖"，世道一乱，人心怨怒，其政一定乖戾；"亡国之音哀以思，其民困"，国之将亡，民众的歌声哀伤，因为生活艰难。

儒家之所以严格分辨音与乐，有一个背景，就是流行音乐的产生。孔子所处的年代，出现过一次流行音乐高潮，当时的社会风气非常坏，比如儿子杀父亲、弟弟杀哥哥，母亲与儿子通奸……风气之乱，同样表现在音乐上，其中郑国的郑声，尤其糜烂。可是有些人就是爱听这种音乐，孔子非常讨厌这种格调低下而形式时髦的音乐，他说："恶紫之夺朱也，恶郑声之乱雅乐也，恶利口之覆邦家者。"（《论语·阳货》）"恶"是厌恶，"朱"是正色，紫色不是正色，但是它很艳，甚至掩盖了正色，使得不少人不喜欢正色，反而喜欢不正的颜色。孔子还厌恶"利口"，一些能言善辩、巧言令色的人，把国家给颠覆了。所以儒家非常反对流行的不健康音乐以及与之相似的利口、偏色。

曾侯乙墓编钟的出土，震动了海内外学术界，也有人借此做翻案文章，说以往讲春秋之时是礼崩乐坏，而如今出土的曾侯乙编钟，艺术水平很高，证明当时礼没有崩，乐没有坏。这种说法似是而非。"礼崩乐坏"不是说那时候没有乐器了，而是说演奏的格调变了，乐器演奏的是音，不是乐，不是雅乐而是郑声。

孔子的学生颜渊"问为邦"，就是如何治国。孔子回答说："行夏之时，乘殷之辂，服周之冕，乐则《韶》舞。放郑声，远佞人。郑声淫，佞人殆。"（《论语·卫灵公》）"行夏之时"，就用夏朝的历法，因为它最符合黄河流域的农时，所以一直用到今天（今天的农历即是夏历）。"乘殷之辂"，"辂"就是车子，要乘殷朝的车子，殷朝的车子做得最为俭朴。"服周之冕"，穿周人的冕服，周人的冕服华而不靡、贵而不奢。音乐，一定要奏《韶》乐，《韶》相传是舜的音乐，尽善尽美。"放郑声"，就是要抛弃郑国音乐中的淫词滥调。"远佞人"，佞人指巧言令色之徒，属于小人。"郑声淫，佞人殆"，郑声淫乱，佞人最危险。

## 四、移风易俗莫善于乐

儒家认为，在纷繁的音乐现象面前，作为社会精英，有责任从各种音曲中挑选、分辨出德音雅乐来，然后，以之教化民众，敦厚社会风俗。这种教化，不是生硬的、强制性的，而是通过音乐传播，用老百姓都喜闻乐见的方式推行。

早些年，我还在读研究生，中央乐团的首席指挥李德伦痛感交响乐在大学里面没有听众，于是在北京的高校里，挨个地演奏，并亲自讲解，告诉大家，交响乐队分哪几个部分？并逐一介绍每种乐器的名称、声音的特点及演奏的经典曲子是什么等。讲解生动，非常吸引人，由此拉近了学生与交响乐的距离。

那天李德伦指挥的交响乐奏完以后，全场鸦雀无声，过了半分钟，大家才开始鼓掌。当时坐我旁边的一位同学说，听完以后，觉得整个心灵都像被洗过了一样！另一位同学说，感觉自己的灵魂都升华了。散场后，我对李先生说："音乐对人的心灵的影响这么直接，作用这么快，瞬间就把人的状态改变了。"没想到李德伦引用《孝经》里的两句话回答我："安上治民莫善于礼，移风易俗莫善于乐。"这两句话，前一句讲"礼"，后一句讲"乐"。儒家认为，教育老百姓其实很容易，让他听好的音乐，他的气质就变化了。让所有的人听好音乐，那么整个社会风气就会改变。《诗经》说"诱民孔易"，"诱"是诱导教育，"孔"是非常，诱导民众是非常容易的，而成本最低见效最快的就是音乐。

在中国文化中，乐是解决人的内心和谐的问题的，而礼是解决人的外在的行为规范的。有的人在行为上做得很好，但内心与行为并不一致。湖北荆门出土的郭店楚简上说"凡学者，求其心为难"，要变化人的心最难，人跟人相交要得到彼此的心也最难；郭店楚简又说，"虽能其事，不能其心，不贵"。一个人虽然能把一件事情做好，但如果动机不正确，没有把心放在很正的位置，那就并不可贵。所以，要真正发自内心地去做。

《郭店楚简·性自命出》有两句话是讲人心与音乐的。一句是"凡声，其出于情也信，然后其入拨人之心也（厚）"，"信"是真实的意思，声是从内心很真实的感情里流出来的；音乐，不仅为老百姓喜闻乐见，而且能拨动人的心弦。另一句是"乐之动心也，潏深郁陶"，乐打动人心，可以达到最为深入的程度。音乐甚至能打动圣贤，让孔子"三月不知肉味"，孔子感慨地说："不图为乐之至于斯也！"没想到听《韶》乐，能达到如此境界。

　　有个典故非常有名，是说魏文侯知音而不知乐，好附庸风雅。有一天，他问孔子的学生子夏，"吾端冕而听古乐"，我端端正正地戴好冠冕听古乐，可是"唯恐卧"，生怕听睡着了；然而"听郑卫之音"，听郑卫的淫词滥调却是不知疲倦，通宵达旦也无困意。"敢问古乐之如彼何也？"听古乐怎么会这样呢？"新乐之如此何也？"听新乐怎么又是那种情况呢？子夏回答说，古乐"进旅退旅"，旅是师旅、军队，比如，武王克商留下来的《大武》，就是一篇史诗，讲武王怎样率领军队灭商的过程。"和正以广"，它表达的是和正。"弦匏笙簧，会守拊鼓"，使用的都是很正的乐器。"始奏以文，复乱以武，治乱以相，讯疾以雅"，是讲文王、武王治国的事情，"君子于是语，于是道古"，君子看了《大武》，就会想到历史，想到文武之道。"修身齐家，治国平天下，此古乐之发也"，古乐会唤起你修、齐、治、平的理念。"今夫新乐，进俯退俯"，新乐就不一样了，演员弯着腰进去，弯着腰出来。"奸声以滥，溺而不止"，声音都不正，淫词滥调，不知终止。"及优侏儒，獶杂子女，不知父子"，就像一群猴子，活蹦乱跳，没有伦理，也不知道主题是什么。"乐终不可以语，不以道古"，音乐结束了没法讨论道，也无法谈论历史，因为它非常肤浅。最后，子夏挖苦魏文侯，"今君所问者乐也，所好者音也"，你问的是乐，而你喜欢的却是音。换言之，你魏文侯连音与乐的区别都不懂。这种情况今天也有，不少人听交响乐会想睡觉，是因为他还不具备这方面的修养。

那么，古人是怎么推广乐教的？周代有一种乡饮酒礼，表面上是一乡之人在一起饮酒，实际上是进行尊老教育的一种形式。这里有个如何排座次的问题。坐在堂上的，一定是乡里年龄最大的，而不是乡长；坐他两边的也是六十岁以上的老人，五十岁以下的人只能在堂下，为堂上的老人服务。一乡之人看到老人那么受尊敬，就懂得以后处处要给他们让座、让路。孔子看了以后说，"吾观于乡，而知王道之易易也"，看了乡饮酒礼，而知推行王道很容易。王道的重要内容之一，就是大家尊老，老有所安。

乡人喝酒，要有乐曲助兴，它们都经过精心选择。乐工歌唱《诗经》中的《鹿鸣》《四牡》《皇皇者华》，它们讲的都是君臣之间的平和忠信之道。接着笙奏《南陔》《白华》《华黍》，都是讲孝子奉养父母的。然后，堂上、堂下轮奏，堂上鼓瑟唱《鱼丽》之歌，堂下笙奏《由庚》之曲；堂上鼓瑟唱《南有嘉鱼》之歌，堂下笙奏《崇丘》之曲；堂上鼓瑟唱《南山有台》之歌，堂下笙奏《由仪》之曲。最后器乐与声乐合起，奏唱《周南》的《关雎》《葛覃》《卷耳》，《召南》的《鹊巢》《采蘩》《采蘋》，说的都是人伦之道。一乡之人在揖让升降、笙瑟歌咏的愉快气氛中，觥筹交错，陶醉在德音雅乐之中，可谓润物细无声。

郑卫之音，是不可以在庙堂演奏的。能在庙堂演奏的，一定是德音雅乐，因为它的内容健康，"是故乐在宗庙之中，君臣上下同听之则莫不和敬"，这不是强迫的，是发自内心的因"和"而生的敬；另外，"在族长乡里之中，长幼同听之则莫不和顺"，长幼之顺也是发自内心之和；"在闺门之内，父子兄弟同听之则莫不和亲"，这几个"和"都是通过音乐来完成的。社会就是如此走向和谐的。

自古以来，有道君主喜欢音乐不是为了发泄，而是要化自己的"心"和"性"，陶冶心性。奏古乐和新乐最大的不同，就在于是否追求意境。古人抚琴要沐浴焚香，心静入定，在幽静的意境中感受宁静，涵泳其中。所以，如今的琴界有一些老先生不对外演出，因为琴是奏给自己听的，让心性与琴声交流，由此来化自己的性。可见，要做一个和谐的人，做一个有品位的人，就要懂得利用"音"来变化气质、涵养德性。

时至今日，不少地方出现了"音乐疗法"。凤凰卫视最近介绍台湾东海大学一位女老师开设音乐课。据介绍，女老师让大家听雅乐。一开始，听课的男同学坐不住，趴着，仰着，一会这样，一会那样，老师也不多说，就让大家听，然后，再略微讲解乐曲所表达的意境，接着再让学生再听，再体会。几堂课之后，这些男同学都变得安静了，坐得住了。一个学期下来，气质全变了。据说这门课如今火得不得了，排队选修的学生，需要排十年。这门课的用意很深，手法非常巧妙，可谓"诱民孔易"。治疗多动症，吃药片未必有效，训斥、吼斥未必解决问题，而"音乐疗法"却能达到"不教而自化"目的。

无独有偶。德国某小镇的一个汽车站，经常出现等车的人吵架的现象。有人提议，在那里安装个喇叭放古典音乐。不可思议的是，自那以后，吵架率明显下降。等车的人听了古典音乐，都跟着哼起来，心情变好了，就不再吵架了。另外，据报道，新加坡的监狱每到放风时，囚犯就寻衅闹事、打架，这情景在新加坡、中国香港的电影里时常可以看到，警官一来马上装作没事。后来，每到放风时，喇叭里就放古典音乐，结果囚犯闹事的立马减少了，这就是音乐的妙用。

我有一位非常尊敬的老师，今年八十多岁了。一二十年之前，大家收入很少，老先生家里除了书也没什么别的。但让我非常意外的是，他家里有一套价值一万元的音响，那时候一万块钱可是个大数目。我很奇怪，老师是研究国学、研究老古董的，怎么会买这样一套很现代的设备？老先生说，看书的时候，放一些节奏缓慢、舒服的古典音乐，把声音调得很轻很低，若有若无，会感觉到"此处有声胜无声"，在这样的背景音乐下看书，特别舒服。此外，每天涵泳其中，人的气象也会变得从容、宽厚、典雅。

我家乡无锡的民间音乐家阿炳，大家都知道他的代表作《二泉映月》。记得我上初中时，无锡人民广播电台为每家每户安装一个广播喇叭，每天晚上十点播放的终了曲就是《二泉映月》，所以，走在大街小巷，听到的都是这首乐曲，人人都耳熟能详。但当时并不能真正听懂，只是觉得好听。后来才慢慢品味出了它的深刻的内涵。阿炳年轻时因为贫困做过道士，道士都讲阴阳，所以这个曲子有阴阳二部，相互烘托。低音部，表达一个盲人看不到光明，在黑暗中摸索的苦闷、彷徨与不甘；高音部，表达盲人对光明的渴求和奋斗。前些年，中央乐团曾邀请世界著名的指挥家小泽征尔前来指挥，小泽征尔希望中央乐团演奏一首中国乐曲，有人推荐了《二泉映月》，他要求先听一遍，并希望用二胡演奏。小泽征尔听完之后哭了，因为他听懂了。我特别喜欢听《二泉映月》，这一方面是因为它是沁入我骨髓的乡音，亲切无比；另一方面，它是中国人的"命运交响曲"，我在遇到艰难困苦而感到无助时，往往会闭眼静听，从中受到巨大的激励，一个盲人，尚且不甘失败，追求光明，我又有什么理由退却？

总之，好的音乐是人生不可或缺的伴侣，它能使我们更纯粹，更卓越。我相信，如果精读了儒家的《乐记》，并且时时践行、体会，你的礼乐人生会更精彩。

*沈钝道*

　　男，上海人。禅宗美学研究学者，"禅艺文化丛书"主编，上海师范大学兼职教授。主持国家哲学社会科学研究基金课题并获优秀成果二等奖，主持完成国家哲学社会科学研究青年基金课题。出版《禅艺茶道》《日本茶挂》《禅艺题记》《走第三条道路——与你一起做自由职业者》《田子坊的画家群落》等十余种图书。

# 雅道的精神
## ——文人的优雅生活方式

　　对于很多人来说，可能第一次听说雅道这个词，但它在中国却已经至少存在了一千八百年，在日本也存在了五百多年。

　　《三国志·庞统传》中有记载："当今天下大乱，雅道陵迟，善人少而恶人多。"中国的三国是指公元 220 年至 280 年的东汉与西晋之间一个短期时代，"雅道陵迟"，就是说雅道逐渐衰败了，因为没有了雅道，所以"善人少而恶人多"，说明在这之前，雅道盛行，君子居多，如今天下大乱之后则是恶人多、坏人多。可以说没有了雅道的培育，人们就会"斯文扫地"；而通过雅道的熏陶，则是"斯文可期"。

南宋·刘松年《撵茶图》

## 一、何谓雅道?

我们说"文人的优雅生活方式",就会对应出几个概念:文人、君子、士大夫与雅士。文人,狭义地说是指读书能文的人,广义地说则是有知识、有文化的文明人,大学就是培育今日文人的主要阵地。君子,在中国古代的不同时期有不同的内涵,尤其指人格高尚、道德品行兼好之人,因此它要比文人更高一层,不仅要有才气,更要有德行。士大夫在古代中国是对社会上士人和官吏的统称,他们既是国家政治的直接参与者,同时又是文化艺术的创造者、传承者,他们的文化素养决定了这群人是文学、书画、手艺、乡规、民约、收藏等文化的继承者和创造者,更像如今国家系统内的文化人士。雅士是一个更宽泛的概念,通常指高尚文雅的人,那些从事文化活动的人都可以称为雅士。

这些人都是雅道的主要实践者、倡导者和贡献者。在许多时候,这四种人是重合的,可以是同一个人,但有时却又有分别,例如德行差劲的人可以成为文人,却不能成为君子;举止粗鲁的人可以成为士人,却不能成为雅士。

雅道在整体上成形,主要出现在日本。日本从中国学到许多文化形态,并加以发展与创新,形成完整的系统。如今,雅道在日本主要指茶道、花道和香道,它是从中国庞大的雅道体系中逐渐提炼出来的结果。

### 1. 周礼"六艺"

早在中国的周朝,即公元前 1046 年的周王朝,距今已有三千多年,已经形成以"六艺"为特征的贵族教育体系,那是普通百姓不能接触到的教育内容,用于培养文武双全的国家统治与管理人员。"六艺",就是要学生掌握的六种基本才能:礼、乐、射、御、书、数。《周礼·保氏》记载:"养国子以道,乃教之六艺:一曰五礼,二曰六乐,三曰五射,四曰五御,五曰六书,六曰九数。"

"养国子以道",培养国家的接班人以什么道?国子,最早专指公卿大夫的子弟,做大官人的儿子,被认定为以后的国家接班人。在对"国子"的教育中,包含了雅道在内的"六艺"。礼,礼教,类似如今的德育和美育;乐,音乐,类似如今的音乐;射,射箭,类似如今的体育;御,驾马,类似如今的驾驶等通用能力培训,也是古代打仗必备的技能;书,书画,类似如今的美术教育;数,数术,类似如今的算术与数学教育。

在这"六艺"当中,礼、乐、书与今天的雅道关联度最大,礼是第一要求,也是精神诉求,其他都是指掌握的具体技术与方法。礼又分为五礼:吉礼、凶礼、军礼、宾礼、嘉礼。其中的吉礼、宾礼、嘉礼,需要用到许多雅道的内容,在古代重大的礼宾和礼仪活动中,供茶、供花、供香,早已有之。

### 2. 君子"九雅"

刚才说了,君子是指有德行的文人。早在中国古代,就有了君子"九雅"的说法,表明想成为一名君子,就自然会喜欢"九雅",反过来也一样,喜欢"九雅"的人,慢慢就陶冶出了君子风范。君子"九雅"具体指什么内容呢?

一是寻幽,就是我们现在说的踏青、寻古、访幽,喜欢到没有人去过的地方待一会,相信人迹罕至处有胜景,不像现在的国庆、春节长假,人都堵在高速公路上和景区的小路中,往人多的地方去就不是"寻幽"了,而是"寻死"了,因为极容易出现踩踏事件。

"寻幽"是君子所为，"寻死"不是君子所爱。

二是酌酒，古人比较喜欢独酌、对饮、酒宴，许多文人喜欢饮酒，因为这是抒发诗情的重要方式，如果没有了酒，李白、杜甫的好诗句至少会少一大截；同时，对饮与酒宴也是古人人际交往的重要方式。但是，因为佛教"五戒"中有戒酒这一条，不少皈依佛门的文人成了居士，就不再饮酒，改为吃茶。

三是抚琴，如同"六艺"当中的"乐"，是指喜欢弹奏、作曲、填词，抚琴被认为可以陶冶情操、修身正德，历史上极少出现喜欢抚琴的人同时又是令人讨厌的小人的情况。琴在古代泛指古琴，说它是君子之器，象征着正德。

四是莳花，如今我们说插花、盆栽、园艺，都是些喜欢花草的人，但不知如何统称它们，古人早给我们提供了答案，这个字就是"莳"。"莳"有移植、栽种的意思，它是从动作上定义这类雅趣，而不是从结果上定义这类行为。

五是焚香，包括点香、敬佛、坐禅。焚香目的有的是为了自己，如在家里点一支香，让空间清香；在茶室中点一点香，让环境更加雅致。但是，更多时候，焚香是为了清供，供佛祖、供菩萨、供祖先。在寺院里，打坐禅修则通常以一支香焚烧的时间长短为单位，来安排坐禅时间。古时的焚香，逐渐演变成如今的香道。

六是品茗，就是吃茶、论茶、行茶道。中国人在世界上首先发现了茶的药用和饮用价值，从神农氏发现茶开始已经有五千年的历史，中国帝王饮茶的历史至少也有两千一百六十年之久。在公元780年，陆羽完成了世界上第一本茶著作《茶经》；陆羽之后再过八百多年，日本的茶道才开始成形与发展起来。

七是听雨，在独坐、闲适、静虑时，倾听来自大自然的声音，从听雨到听涛，反映出中国文人与众不同的雅致与个性，在听雨中激发文化与艺术的创作灵感，为后人留下了太多不朽名篇。

八是赏雪，与听雨一样，此时正是独处沉思的好时光，中国文人努力拉近自己与自然的距离，在赏雪中感受四季轮回、领悟天地澄明，让不一样的景观通过身心的体验，留下不一样的诗文。

九是候月，每月一次的十五月亮，象征着清澈与团圆，尤其到了中秋，朗月当空，思绪万千，这是一年中最好的季节，也是物产最丰沛的时节，思念故人，期待团圆，候月的过程，也是期待的过程，更容易让人浮想联翩。

这就是君子"九雅"，古代中国君子的优雅生活方式。

### 3. 沈括"九客"

沈括，是北宋时期著名的政治家和科学家，生活在 900 多年前，在众多学科领域都有很深造诣，被誉为"中国整部科学史中最卓越的人物"。沈括写了一部二十卷《梦溪笔谈》，在世界文化史上有着重要的地位。沈括在镇江梦溪园著作期间，空闲时间或泛舟湖上，或垂钓泉边，或漫步竹林。他把"三悦"和"九客"视为密友。"三悦"即他喜爱的三位诗人陶渊明、白居易、李约，"九客"即琴、棋、禅、墨、丹、茶、吟、谈、酒。"客"是知己中的客人，他的"贵客"就是"墨客"之类的雅士。

在沈括的"九客"中，琴、茶、酒这"三客"与君子"九雅"中的抚琴、品茗、酌酒完全一样，其他"六客"如下：

一是棋，主要是指围棋，有时也指中国象棋，古称"弈"，距今 4300 年左右的尧舜时代，中国人就开始玩围棋了。下棋，有助于训练人的思维能力，在文人中展开一场虚拟的战斗，可解气除闷、斗智斗勇、增添趣味。

二是禅，古代中国文化人中有许多人皈依佛门，或者禅道双修，我在《禅艺茶道》中列举的十二位雅士，全部都是文人，也是居士，更是修禅者，他们是香山居士白居易、六一居士欧阳修、莆阳居士蔡襄公、东坡居士苏轼、易安居士李清照、六如居士唐伯虎、衡山居士文徵明、柳泉居士蒲松龄、仓山居士袁枚、一佛居士马一浮、婴行居士丰子恺、在家居士赵朴初。

三是墨，四是丹，就是书法与绘画，绘画古称为"丹青"。古代中国对文人雅士的另外一种称呼就是文人"墨客"，"墨客"首先就是书法功夫深的人，比会画画的人更广，因此要好中选优、脱颖而出更难。在古代，书法家的地位高过画家，所以用"墨客"来代替会书画的人。沈括在"九客"中把"墨客"列在"丹客"之前，也是这个道理。

五是吟，就是擅长吟诗填词，诗人在古代中国有着崇高的地位，诗歌是中国古代文学的最重要表现形式，小说、戏曲、散文、随笔这些文学形式都很晚才出现，总体上的成就也远远不及诗歌，因此吟诗是古代中国文人的一项必备基本功。

六是谈，就是知己好友之间的一种轻松交流方式，所谓"酒逢知己千杯少，话不投机半句多"，说的就是一种谈话交流的状态，文人需要通过与知己之间的交流，传递各自的思想，分享彼此的智慧，因此谈也就成了文人的一种心理需求了。

沈括"九客"虽然具有明显的个人色彩，他的"好客"之道，集中在以上"九客"，但这也是当时文人的一种普遍倾向，并一直影响到之后元明清时期的文人。

### 4. 古人"八雅"

在君子"九雅"和沈括"九客"的基础上，文人对于雅道的要求，出于普及性和大众化的需要，逐渐降低了标准，从对君子的严格要求降为对一般文人的基本要求，慢慢地形成了"八雅"：琴棋书画、诗酒花茶。

在古人"八雅"中，琴酒花茶这四雅早已出现在君子"九雅"中，琴棋书画诗酒茶这七雅也已出现在沈括"九客"中，因此古人"八雅"并无多少新意了，只是对提法和排列顺序做了些调整，可以说古人"八雅"实质上就是对君子"九雅"与沈括"九客"高度概括的结果，更有利于推广与普及，也更有利于理解和操作。

### 5. 文人"四艺"

由于人口的增加，教育的平民化，也许还有后来的人不及古人那样有"根器"的因素，对于文人的雅道要求范围逐渐在缩小，古人的"八雅"，后来就成了文人"四艺"，从八项要求减少为四项要求，只保留了其中的"琴棋书画"。人们把中国文人所推崇和要掌握的四门技艺，称为"文人四艺"，或"秀才四艺"。从名称上也可以看到，过去做君子"九雅"，后来叫文人"四艺"，从君子到文人，在德行上放松了；从"九"到"四"，在数量上减少了；从"雅"到"艺"，在标准上让步了。但是好处是，它可以普及了，平民也能参与其中了，对影响乡村的平民素质是有好处的。

### 6. 生活"四艺"

文人"四艺"的琴棋书画，毕竟还戴着"文人"的帽子，没有一定的文化素养，其实也难以参与，特别书画两项，对于不识字的人来说，更是想都别想。为了让这优雅的生活方式得到更好的普及，在文人"四艺"之外，自宋代起又出现了生活"四艺"：点茶、插花、焚香、挂画。

点茶、插花、焚香这三项在君子"九雅"中已有，挂画这一项在沈括"九客"和文人"四艺"也有，但要求降低了。过去要求自己作画，现在只要求挂画就可以了，也就是说自己不能作画的，可以挂别人的画，这倒一下子促进了书画作品的流通与收藏，譬如唐伯虎，在明代时已经完全可以靠卖画度日了，成了早期的自由职业画家之一。

元人张雨的散曲《双调·水仙子》：

> 归来重整旧生涯，潇洒柴桑处士家。
> 草庵儿不用高和大，会清标岂在繁华。
> 纸糊窗，柏木榻。
> 挂一幅单条画，供一枝得意花。
> 自烧香童子煎茶。

张雨是元代诗文家、书画家，他半儒半道，是当时文人中的代表，在他的这首散曲中，最后三句写的就是雅道四项：挂画、插花、焚香与点茶，与如今日本雅道展现的形态几近相同。"挂一幅单条画"，是日本茶室的典型布置；"供一枝得意花"，既是茶室插花，也是禅艺插花；"自烧香童子煎茶"，则是香道与茶道的内容。

正因为生活"四艺"与生活息息相关，富贵人家和文人墨客都可以采用，促进了这"四艺"的发展。这样的文化偏好从宋代开始逐渐传到日本，到了中国的明代时，在日本已经成了气候，日本人重新拾起中国人早期使用的"雅道"概念，将茶道、花道、香道完善成一种家元制度与培训体系，集合成具有日本特色的"雅道"，并普及到几乎每一个家庭之中。因此，今天我们说文人的"雅道"，其实在日本才真正变成了生活的"雅道"，不仅文人喜爱，连商人、职人、土人也乐在其中。可见，从相对庞大的雅道体系，最终归结到了茶道、花道、香道。

## 二、茶道的精神

雅道包含了茶道、花道与香道。这雅道的精神怎么理解呢？其实就是要讲雅道的实质，如何才能体现出雅道的价值呢？这与茶道一样，除了在生理上可以满足我们的一部分需求外，它一定在精神上有着特殊的作用。

### 1. 陆羽茶道精神：精行俭德

陆羽生活在公元 8 世纪，距今已有一千两百多年了，他写出了世界上第一本茶学著作《茶经》。与他同时代，比他稍长十三四岁的湖州妙喜寺僧人皎然也写过一本《茶诀》，或许还早于《茶经》，但可惜《茶诀》失传了，今天我们可以看到的最早的茶学著作就只有《茶经》了。陆羽在《茶经》中讲了许多关于茶区的分布、种植和泡制的方式，但在第一篇章中却有一段点睛之笔，他说："茶之为用，味至寒，为饮最宜精行俭德之人。"这其中的四个字被认为是关于"茶德"或"茶道精神"的开篇之作。

陆羽"精行俭德"，就是说喝茶的人必须首先是精神专注的人，至少喝茶的时候要静心，做事也应该有这样的态度，是一个精益求精、负责认真的人。第二个行字，是指喝茶的人必须是自律的，不会给别人增加麻烦，践行自律，品行端正。第三个俭字，则指喝茶人的品行应该是简朴的，而不是追求奢华的人，非常低调，内敛谦逊，这样的人最配喝茶，最适合喝茶。第四个德字，强调淡泊名利，能够守住自己的操行。

"精行俭德"可以说是最早出现的关于"茶德"或"茶道精

神"的论述，但由于是发生在一千两百多年前，陆羽还无法预估到茶道发展的走势，从今天看来，仅仅靠这四个字还无法概括更多的茶道思想和茶道精神，因此，才有了后来对于茶道精神的更多探索。

### 2. 日本茶道四谛：和敬清寂

日本的茶道精神是"和敬清寂"，也叫"茶道四谛"，谛就是真理的意思，或者就叫真谛。在日本，大家认为这四个字最早由村田珠光提出，起初叫"谨敬清寂"。第一个字不是"和"，而是"谨"，小心谨慎的"谨"，意思与"敬"有点雷同，对别人敬重时必然会相当"谨慎"。后来，千利休将"谨敬清寂"改为"和敬清寂"，很快就被大家接受了。日本民族自称是"大和民族"，民族风格中都以"和"相称，如"和服""和式料理""和式风格"等，因此，"和敬清寂"更容易被日本人接受。有学者指出，中国南宋时期刘元甫写的《茶堂清规》中也有类似提法，这倒值得进一步的研究。

和敬清寂，它也可以分成两个词组，"和敬"表示对宾客的一种尊重与礼敬的方式；"清寂"表示对气氛的一种恬淡与闲寂的要求。日本茶道所创造的时空是一种非日常的时空，所追求的世界是现实生活中的世外桃源。茶道四谛中的"和"主要是指主人与客人的和合，没有隔膜；"敬"是相互之间尊敬的感情；"清"是必须保持心灵的清净无垢；"寂"要求茶人忘却一切，去创造新的审美天地。

### 3. 韩国茶道四谛：和敬俭真

韩国的茶道，或者说茶礼，以"和""静"为根本精神，其含义泛指"和敬俭真"。这显然受到了日本茶道四谛的影响，在韩国的"和敬俭真"中的前两个字与日本茶道四谛中前两字完全一样。"和"是要求人们心地善良，和平共处，互相尊敬，帮助别人；"敬"是要有正确的礼仪，尊重别人，以礼待人；"俭"是俭朴廉正，提倡生活朴素；"真"是要有真诚的心意，为人正直。

通过"茶礼"的形成，向人们宣传和传播茶文化，并有机地引导社会大众饮茶品茗。韩国茶礼侧重于礼仪，强调茶的"亲和、礼敬、欢快"，并把茶礼贯穿于各阶层之中，以茶作为团结本民族的力量。茶礼的整个过程，从迎客、环境、茶室陈设、书画、茶具造型与排列，到投茶、注茶、茶点、吃茶等，均有严格的规范与程序，力求给人以清静、悠闲、高雅、文明之感。

### 4. 中国茶道四谛：清俭美养

由于日本的茶道四谛对于学习茶道的人来说，可谓人人皆知，而且也有了韩国的茶道四谛，因此中国人也一直在寻找自己的茶道四谛。我统计了一下，关于中国的茶道四谛比较正式的提法就有十个左右。中国茶道的这些四谛内容，各有各的理，却似乎还不能形成共识。因此，我就想寻找到难以形成共识的原因，最后发现，是提出者仅有自己的构思，却没有传承的根脉，提出的观点成了无本之木与无源之水。日本的茶道四谛源自村田珠光和千利休，茶道四谛思想也与过去的茶人、僧人有关，但是，如果中国的茶道思想没有历史的传承，就一定没有说服力。正因为这样，我就从古代中国最重要的四位茶人那里寻找依据，最后有了结果。

首先，我从唐代诗僧皎然这里获得了"清"，也是中国茶道的第一谛。在《饮茶歌·诮崔石使君》一诗中，皎然写道：

> 一饮涤昏寐，情思朗爽满天地；
>
> 再饮清我神，忽如飞雨洒轻尘；
>
> 三饮便得道，何须苦心破烦恼。

三饮之后，皎然直接写出了："此物清高世莫知，世人饮酒多自欺。"此物是什么？是"茶"，更是"茶道"！卢仝在"七碗茶诗"中四提"清"字：

> 五碗肌骨清，六碗通仙灵。
>
> 七碗吃不得也，唯觉两腋习习清风生。
>
> 玉川子，乘此清风欲归去。
>
> 山上群仙司下土，地位清高隔风雨。

其次，从陆羽《茶经》里的"精行俭德"中提炼出中国茶道的第二谛："俭"。关于"俭"的含义，上面已经提到，就是指喝茶人的品德应该是简朴的人，而不是追求奢华的人，非常低调，内敛谦逊。在韩国的茶道四谛中也纳入了"俭"，而在日本茶道中没有"俭"，却有一个"寂"，在某些方面具有了"俭"的意思。

第三，从宋徽宗赵佶写的《大观茶论》中提炼出中国茶道的第三谛："美"。《大观茶论》写道："茶有真香，非龙麝可拟。要须蒸及熟而压之，及干而研，研细而造，则和美具足，入盏则馨香四达，秋爽洒然。或蒸气如桃仁夹杂，则其气酸烈而恶。"赵佶把"和美具足"看作是茶香的最高境界，而要达到这种境界，必须在选茶、蒸茶、压茶、研茶、造茶、入盏的每一环节都要拿捏到位，细致无误，如此这般的功夫，与如今的日本茶道如出一辙。

第四，明初朱元璋第十七子、宁献王朱权写的《茶谱》，这是现存最早的一本明代茶书，我从中提炼出中国茶道的第四谛：

"养"。《茶谱》中写道："予尝举白眼而望青天，汲清泉而烹活火，自谓与天语以扩心志之大，符水以副内练之功，得非游心于茶灶，又将有裨于修养之道矣。其惟清哉。"

朱权把饮茶品茗的最后归结点落在了"修养之道"上，一句"其惟清哉"更与皎然主张的"清"，即中国"茶道四谛"第一义相呼应。

因此，我们可以把"清俭美养"作为中国茶道的精神，即中国茶道四谛。这不是我的发现与创新，而是从一千两百多年中国茶文化发展过程中所形成的一百多部重要的茶著作中提炼出的四个最重要的汉字，来代表中国的茶道精神。我的创新是找对了方法，没有闭门造车，没有自设四个字来代表中国茶道。如果大家认为这个方法是对的，但我还没有找准最重要的四个字，那么大家也可以参与这样的研究与讨论，我们很期待有更好的表述与发现，以最终确定中国茶道四谛，并为大家所广泛接受。

## 三、花道的精神

与茶道一样，也有花道的精神，一个人喜欢插花，就不仅要知道怎样插花，还应该知道为什么要插花。有的人把插花仅仅看作一种职业与谋生手段，那么，他（她）就只能在插花技艺上进步，却怎么也达不到精神享受的层面，更无法理解古人对花道的诸多论述。

### 1. 日本花道的精神

日本花道的创始流派是池坊，学习池坊的人通常不愿意说自己是池坊流，因为他们认为池坊是源头，不像其他流派那样是从池坊分化出来的，这个没有关系，直接说池坊也可以，但实质上它还是一种流派。池坊花道强调：插花并非仅仅只是供人欣赏雅玩，而是要通过这一艺术形式来感悟人生。这就直接触及了精神层面，池坊花道推崇"花之心应为我心也"，要求心直而无邪念，所插之花也不应违背树木的自然长势，花道师要真正地将心中所想构成花形。

日本人对花道迷恋可以上升到很高的程度，这可以从日本俳圣松尾芭蕉在《笈之小文》中写的一段话中看出味道，他说："所谓风雅，随造化、友四时也。所见无处不花。所思无处无月。所思无花之时等同夷狄，内心无花之时与鸟兽同类。"这段话讲得分量很重，让我们知道文人是如何骂人的，意思是你想成为具有风雅的人，就必须尊崇自然的造化，与四季为友，随四季而感化。所见无处不有花，所思无处不挂月。如果你的心中没有花的存在，就如同夷狄这样的野蛮人；如果你的脑中没有花的存在，就如同鸟兽这样的动物了。这分明就是在狠狠地骂人，若你想风雅，却心里无花无月，那就是畜生一个。当然他骂的是当时的日本人，要想学的却是当时的中国人。

日本茶圣千利休有句名言，叫"花如在野"。插花要如同长在野地一样的自然才是最美的作品。这种自然不是照抄无次序的自然状态，而是要有一定的自然设计理论依据，做到"虽由人做，宛若天开"。日本人还认为"从生入死，不过落花一瞬"。因此，日本花道提倡一种精神："待花如待人"，从一个人待花的态度上能看出他如何待人待己。

### 2. 中国花道的精神

在中国明代，出了两位重要的插花专家，写了两本重要的插花专著，他们是袁宏道和张谦德，两本书是《瓶史》和《瓶花谱》。有趣的是，他们这两本书完成时间前后差五年，而且都是在苏州完成的。1595 年，十八岁的苏州昆山人张谦德先完成了《瓶花谱》；过了五年，即 1600 年，在吴县任知县的袁宏道完成了《瓶史》，但袁宏道不是苏州人。这说明雅道文化在明代时，于苏州一带十分盛行。明四家的四位画家，也叫吴四家，也是出现在明代。

袁宏道在《瓶史》中主张道法自然。他说："夫趣，得之自然者深，得之学问者浅。"与松尾芭蕉的气势相同，袁宏道指出要寻求所谓的雅趣，从自然中获得才能深入，从学问里获得就很浮浅。他更进一步说："夫山林之人，无拘无缚，得自在度日，故虽不求趣而趣近之。"热爱山林、接受自然的人，可以无拘无束，获得大自在，即便没有有意识地去寻求所谓的雅趣，其实已经离雅趣很近了。

花材取自自然，又再现自然的风姿，插花者自然更容易获得这样的雅趣了。但袁宏道在"好事篇"中特别强调心无旁骛对修持花艺的重要性，否则不仅难有可观的成绩，充其量只是个"依附风雅"的人，是达不到艺术高妙境界的。心无旁骛地做事，就是一种修行，插花如此，做任何事都是这样。袁宏道说："花好在颜色，颜色人可效。花妙在精神，精神人莫造。"可见其对花道精神的关注程度。

比袁宏道年小的张谦德，于 1595 年完成《瓶花谱》一书，他竭力主张文人才艺兼修之志事，须玩物而不溺于物，娱意而不滞于意。张谦德为此写道："习之可以耀潜德，得之可以励清修。"把花道提升到了挖潜积德、修身养性的高度了。

## 四、香道的精神

茶道、花道、香道，在日本合称为"雅道"三项，香道自然也有其精神面的诉求。

### 1. 日本香道的精神

日本香道源于中国，逐渐发展成富有艺术性的香道具、环境布置、点香闻香手法，并创造出相关文学、哲学、艺术的作品。在日本，香道被认为是一门使人们的生活更丰富、更有情趣的修行法门。"燃我一生之忧伤，换你一丝之感悟。"

第二次世界大战后，雅道在日本盛行。宴请宾客，必须要插花、焚香、茶点三样具足，才算是合乎待客的礼节。日本香道、茶道、花道虽然各自发展出一套细致高深的礼仪轨则，各有各的流派，但从其所表现出"沉""静""定"的品位看来，这三种传统东方文化的精神意境，明显受到佛教禅宗的很大影响，禅宗重视静虑与修行，雅道在一定程度上帮助人们实现了这一愿望，也使雅道本身成了一种修行法门。

### 2. 中国香道的精神

香，可以促进修养身心，培养高尚情操，追求人性完美的文化。香，在馨悦之中调动心智的灵性，而又净化心灵；于有形无形之间调息、通鼻、开窍、调和身心。在中国，用香风俗从上古时代开始，并赋予香以多种美妙的名称：香之远闻曰"馨"，香之美曰"骏"，香之气曰"馧"。在汉魏六朝，流行道家学说，博山式的熏香文化在当时已经大行其道。隋唐五代，用香风气大盛，东西文明融合，丰富了各种形式的行香诸法。到了宋元，品香与点茶、插花、挂画并称"四雅"，香书与香谱开始出现。明代时，香学又与理学、佛学结合为"坐香"与"课香"，成为丛林禅修与勘验学问的一门功课。清代盛世期间，行香已经深入百姓日常生活，炉、瓶、盒三件一组的书斋案供以及香案、香几成为文房清玩的标配。

南宋状元王十朋，在《香乘》的《十八香词》中，将十八香喻十八士，通过拟人化的比喻加深人们对于不同香的认识，在他看来：

> 异香牡丹是国士，温香芍药是治士，国花香兰是芳士，
>
> 天香桂花是名士，暗香梅花是高士，冷香菊花是傲士，
>
> 韵香荼蘼是逸士，雪香梨花是爽士，妙香薝卜是开士，
>
> 细香竹味是旷士，嘉香海棠是俊士，清香莲花是洁士，
>
> 梵香茉莉是贞士，和香含笑是粲士，奇香蜡梅是异士，
>
> 寒香水仙是奇士，柔香丁香是佳士，阐香瑞香是胜士。

香，既能悠然于书斋琴房，开启心智；又可缥缈于庙宇神坛，安神定志；既能在静室闭关默照，又能于席间怡情助兴。

在中国佛教中，对于供香的功德给予诸多颂扬，这也促进了香道在民间的发展。《佛说戒德香经》中说，佛陀以香喻持戒之香，能普熏十方。《六祖坛经》中，则以香来比喻圣者的五分法身，即戒、定、慧、解脱和解脱知见。由于香能祛除一切臭气、不净，使人身心舒畅，产生美妙的感受，因此常被用作为供养菩萨和本尊的圣品。《苏悉地经》列香为五种供养之一，《大日经》列香为六种供养之一。

## 五、挂画的精神

挂画在古代中国已经十分普遍，在宋明时期，文人受到尊重，挂画自然十分流行，甚至可能比现在的人家还要普遍。在清代中期，当时居室中如果不挂画，就说明不是书香门第。古代书房一般是要挂画的，往往挂的是山水画，房间小一些的则挂一个"镜心"。

因为有这样的需求，因此山水画在中国就有很大的市场需求，其所表现的"坐卧高堂，究尽泉壑"的意境，正是中国文人向往自然、回归自然的一种心理诉求。古人通过挂画、赏画，在居室之中即可参透泉壑、山林之美。在文人看来，焚香是嗅觉之美，品茶是味觉之美，插花是触觉之美，挂画是视觉之美，四美合一，展现无限风雅韵味。

在安徽保留了古代民众居室的许多特征，徽州挂画特点是"东瓶西镜"，即一个中堂，下设一个条案，一边摆放瓶，意为保平安，一边摆放西洋镜。普通百姓家，瓶中插花，中堂往往是一张山水画，画幅很大。挂画大小一般根据宣纸大小，有四尺、六尺、八尺，甚至丈二。加上装裱，一幅画一般在一丈左右。条案上有花瓶用于插花，也有香炉用于焚香，可见于一方天地间，雅道三项就尽收眼帘。在我们的记忆中，旧时的大家庭中，奶奶总是第一个起床的主人，她会先去挂有书画的中堂条案上点一炷香，如果有菩萨像或祖宗牌位，则会叩上三个头，有时还会沏茶供茶或者插花敬祖。其实，这样的景象离我们现在还不算太遥远，不过四五十年而已，怎么这样的传统到了我们这一代人会变得如此陌生了呢？

## 六、雅道的精神

在分别说了茶道精神、花道精神、香道精神与挂画精神之后，我们要总合起来说一说雅道的精神。宋代吴自牧著《梦粱录》中有四句话说得很好：

> 焚香点茶、挂画插花，
> 四般闲事，不适庶家。

"焚香点茶、挂画插花"就是雅道四项，"四般闲事，不适戾家"是说这样的雅道不合适外行人家，"戾家"也可以指品德低劣、罪行累累的人家。雅道养性，也养德，所以我们要在茶道四谛中放一个第四谛"养"。一炷香、一杯茶，静室虚窗，伴着花香画影，听一曲古琴，这是文人最向往的闲适境界。

### 1. 闲适

爱上雅道，就是爱上清闲安逸、悠游自在的生活方式，如东晋陶渊明《饮酒·其五》中所描述的田园诗意生活状态："采菊东篱下，悠然见南山。"并由此流露出淡泊闲适之情，白居易在他的《与元九书》说："至于'讽谕'者，意激而言质；'闲适'者，思澹而词迂。以质合迂，宜人之不爱也。"陶渊明和白居易正是沈括的"三悦九客"中，最重要的两悦，还有一悦则是李约。

当代学者周国平说："闲适者回到了自我，在自己的天地里流连徜徉，悠然自得，内心是宁静而澄澈的。散漫者找不到自我，只好依然在外物的世界里东抓西摸，无所适从，内心是烦乱而浑浊的。"如今，散漫者多而闲适者少，世间就显得愈加聒噪了，而雅道就是要让大家回到宁静的世界中去，让时间过得慢一点，让自己的心变得闲适起来。

### 2. 独行

雅道在多数情况下，是文人或者有文人情结的人的个性化行为。陆羽说，为饮最宜精行俭德之人，可以理解为是指人格具有特立独行者，理念具有宁静致远者。日本井伊直弼在茶道中特别提出了"独坐观念"，提出茶主人在客人走后要善于"熟思"与"静思"，检讨有没有做得不好、不够完美之处。

独行而不远复。儒学集大成者，宋代理学家朱熹在武夷山紫阳精舍悬挂有"不远复"的牌匾。虽然独行，但却是慎思，走不远处就要回头审视一下自己的行为，是否正确，是否合理，是否值得？通常，雅道都需要在独处时完成，完成之后也只能孤芳独赏。因此，雅道爱好者要有独处、独行、独审的意识和能力，通过对物的完善，最终实现对自我的完善。

### 3. 清净

在宁静中感受世界的活力，在淡定人生、豪华落尽之后，体味世界的温情。雅道的环境要求有清净的体验，通过对雅道的实践，更能反射自身、观照自性、觉悟自我。在清净中去恢复生活的单纯，在单纯中感觉繁复；以恢复世界的原有寂静，在寂静中聆听世界的声音。

中国的禅宗追求一种现世的清净与和谐，通过"自心顿现真如本性"而契证宇宙万物的最高精神实体，从而进入一种佛的境界，也就是与大自然整体合一的审美境界，在清净中享受雅道的乐趣。在古代，文人皈依佛教的不少，他们可能是世间一位出色的诗人，同时又是一位有着强烈出世意识的虔诚居士，而且特别喜好修习禅宗，以至沈括"九客"中就包括了一个"禅客"。

### 4. 俭朴

雅道所倡导的是一种精致却俭朴的生活品质，而非奢华又富贵的生活方式。真正的文人偏爱的是破除繁杂之物，以直指人心的方式，在刹那间捕获注意力，并停留在作品之前，产生深远的联想与玄妙的遐想，而这正是禅宗所追求的境界。雅道与禅宗在诸多方面存在着高度的契合，因此，才会有古代文人普遍修习禅宗、亲近禅师的现象。

俭朴的生活理念，也要求人们化繁为简，在生活中尽可能去减少一切不必要的外在东西。一个东西简到不能简时、减到不能减时，自然就会露出本来面目，也就有了更多想象与意境。清代"扬州八怪"之一郑板桥名言："间有一二不尽之意，言外之意"，可"以少少许胜多多许"。现代学者林语堂也说：生活所需的一切不贵豪华，贵简洁；不贵富丽，贵高雅；不贵昂贵，贵合适。

### 5. 枯寂

中国禅师喜欢枯木、枯花、枯山水，这样的审美情趣也深深影响了一代又一代的中国文人。看枯花，枯的"她"曾经来自花蕾，曾经芬芳四溢，引得赞美连连。这是悲，还是喜？其时的盛花，而今又在哪里？原来，枯花，便是其归宿与结局。人们可以从枯木枯花中感悟生命的轮回与更替，荣的任它荣，枯的任它枯，于当下领悟生命每一片刻的意义。

在中国的眼中，"寂"比"安静"所包含的内容要广。与"寂"相当的梵语实际上包含了"安静""平和""安详"的意义。在雅道里，它的意义则接近于"贫乏""单纯化""孤绝"。"侘"和"寂"可以定义成一种对贫乏的积极的审美情趣，这在日本的茶道与花道中都有很好的诠释。

### 6. 美感

雅与美，是互为转化的一组概念，不美的事物，无法做到优雅；不雅的行为，难以实现美好。在雅道中，无时无刻不在展现一种美，包括了器皿之美、布置之美、空间之美、茶汤之美、插花之美、烟绕之美，等等；对应地则产生了味觉之美、视觉之美、嗅觉之美。美美与共，人我合一，天人归一。

雅道受人喜爱，其中的美学因素起到了十分重要的作用。对于美好的事物，人们都会本能地愿意去接近它、接受它。雅道中的花，是自然的美，不造作的美，自发的美，有时它比艺术家再现的美来得更为真实与持久。这一切，都是雅道的精神中无法刻意遮掩与回避的东西，如同雨露中自然生长的嫩芽，如同阳光下自然绽放的花朵，雅道的美好是中国文人必然要靠近的世界。

刘宗迪

男，山东即墨人。先后就读于南京大学气象系、四川师范大学中文系和北京师范大学中文系，现为北京语言大学人文学院教授。主要研究方向为民俗学、神话学、口头传统，尤其致力于借鉴民俗学、神话学、人类学的方法解读中国早期文献，重建中国古代宗教、神话体系和上古史地，主要著作有《失落的天书：山海经与古代华夏世界观》《古典的草根》等。

# 天文与神话
## ——以"重黎绝地天通"为例

## 一、天文与神话

在现代人观念中，天文是自然现象，神话是人文现象，日月星辰高悬苍穹，神话传说流传人间，两者可谓天壤悬隔，风马牛不相及，天文与神话如何能扯上关系？在现代学术范畴中，天文学属于自然科学，神话学属于人文科学，两个学科的人隔行如隔山，老死不相往来，难道我们学习神话学还要研究天文学吗？

德国哲学家康德是现代人文科学的立法者，他的哲学思想对现代社会影响深远，他的三大批判为人文学者所必读，不过，很少有人了解，康德年轻时候却是研究过天文学的，还写过天文学的书。康德尽管兼习天文学和哲学，但也正是由于康德，天文和人文、自然与道德，才被分别为两个相互独立的知识范畴。康德以其截断众流的思想勇气对人类思想进行审视，为现代精神立法，《纯粹理性批判》探讨自然科学的基础，《实践理性批判》探讨人间道德的基础，将自然科学归于现象领域，将道德实践归于先验领域，就是从形而上学的高度将自然与人文一刀两断。他在《实践理性批判》的序言中写道："有两种东西，我对它们的思考越是深沉和持久，它们在我心灵中唤起的惊奇和敬畏就会日新月异，不断增长，这就是我头上的星空和心中的道德律。"这段话后来刻在他的墓碑上，流传甚广，脍炙人口。在康德哲学中，头上的星空是自然律的体现，是可以观察的现象界，而心中的道德律则是看不见的，属于先验的理性。康德将自然律与道德律一归于星空，一归于人心，将自然与人文一分为二，正是在此意义上，可以说康德是现代性的立法者。

把自然与道德、天文与人文一分为二，是现代性的一个基本特征，正是由于将自然与道德区分开来，自然失去了道德属性，变成了单纯的自然现象，自然才能成为科学的研究对象；也正是因为道德与自然区分开来，道德全靠人类的自我决断，人类才获得了相对于神或自然的独立性，旨在对人类的道德、历史和文化进行理性审视的人文科学才成为可能。可以说，自然与道德、天文与人文的分离，是现代性赖以成为可能的基础。

自然与道德、天文与人文、自然科学与人文科学的分离，在现代人看来是天经地义、理所应当的，似乎自古以来就是如此。其实，自然与道德、天文与人文的二分，在很大程度上是一个现代性的发明，在现代性之前的传统社会和现代性之外的民间社会，还不存在这种二元论世界观，自然与道德、天文与人文还没有被分离为两个互不相关的领域，自然和道德、天文和人文相互影响，密不可分，古人津津乐道的"天人合一"、民间经常挂在嘴边的"天地良

清朝版画《九凤》

九鳳　九首人面鳥身居
北極天攬之山

心"，就表明在他们的心目中，自然和道德、天文和人文，还是相互生发、息息相关的。这其实并不难理解，在传统的渔猎、游牧或农耕社会，人靠天吃饭，打猎、捕鱼、种庄稼，都要看天时，敬畏天道，接受星空的自然律的指导，顺应自然节律、季节变化以安排生产和生活，可以说是人类最基本的良知，也是最大的道德。古人按照自然和星空的指导安排自己的生活，而违背自然或星空的指导，就必然会遭到命运的惩罚。因此，在他们的心目中，高高在上、遥不可及的星空主宰着人间的命运，亘古不变、四时不忒地轮回于上的苍穹和群星就是神性或天道的昭显，浩瀚的星空就是众神居住的神殿，而满天的星斗就是众神的化身，统领群神的上帝则住在天穹的中央，即北极。在中国传统天文观中，北极周围的一片星空被命名为紫微垣，就是天上的紫禁城，是上帝居住的宫殿，而围绕北极运转的北斗七星，则被视为上帝乘坐的马车，一年四季，旋转不停，给人间指示季节和昼夜。正因为星空被视为神性的渊薮和众神的宫殿，是人间命运的主宰者，所以，对于古人来说，天文学或天文知识不仅是单纯的科学知识，而是天道或神性的体现，天文学既是生活日用须臾不可或缺的实用知识，也是居于上苍的神对人间的诫命和告谕。这些被赋予神圣性的天文知识世代流传，岁月流逝，时过境迁，后世的人们不可避免地遗忘了其与天文的关系，这些知识就变成了话语中的古董，古彩斑斓却不再实用，脍炙人口却令人费解，成为尽管人人珍视却难解其意的故事或象征，亦即现代人所谓的"神话"。

　　正因为神话在其诞生之时与古人对于天象、星空的观察、认知和崇拜密不可分，神话中蕴含着古老的天文知识，因此研究神话就不能不懂点天文学。关于天文与神话的关系，我在《失落的天书》一书中已谈了很多，这里则想借"重黎绝地天通"这个脍炙人口的神话，谈一下天文与神话的关系。

## 二、重黎绝地天通与创世神话

重黎绝地天通的故事很有名，对这个故事的叙述，见于《尚书·吕刑》和《国语·楚语》，《楚语》说得比较详细。《吕刑》说古时候蚩尤率苗民犯上作乱，苗民滥用刑罚，残害无辜百姓，弄得民怨沸腾，地上一片腥臭之气，连高居天上的上帝也闻到了。上帝可怜老百姓，从天上施加惩罚，灭绝了苗民，然后命令重、黎隔绝了天地，从此神、人分居天、地，不相交通。《楚语》载楚昭王问博学多识的大夫观射父，书中所说的重黎绝地天通是什么意思？难道在天地交通未绝之前人可以上天吗？观射父解释说，上古之时，巫、觋、祝、宗等神职人员，各司其职，因此人和神各司其职，各安其位，民敬神，神佑民，因此天下太平，灾祸不兴。谁知到了少皞当政的晚年，由于九黎捣乱，"民神杂糅，不可方物，夫人作享，家为巫史……蒸享无度，民神同位"，家家都是巫师神婆，人人都能通神降神，搞得人神混淆，天地无别，因此导致天下大乱，灾祸不断。少皞死后，颛顼袭位，颛顼"乃命南正重司天以属神，命火正黎司地以属民，使复旧常，无相侵渎，是谓绝地天通"，命重和黎把天与地、神与人分开，才重新恢复了天地秩序。

《吕刑》用"绝地天通"故事解释刑法的起源，《楚语》则用这个故事解释宗教秩序的起源，两者语境不同，但都将"绝地天通"解释为人、神的分离，认为"绝地、天通"意为"绝人、神通"，旨在隔绝人、神，避免人、神混杂，让人失去对神应有的敬畏。但这种解释明显不是这个神话的本义，这从楚昭王与观射父的问答即可看出，楚昭王问观射父曰："所谓重、黎实使天地不通者，何也？若无然，民将能登天乎？"可见，在当时一般人的观念中，这个故事的意思就是说天地本来是相通的，人本来可以登天，由于后来重、黎把天地的通道隔绝了，人就无法登天了。观射父读书多，有学问，很受楚昭王敬重，他知道天、地本来就相去悬绝，人从来就不可能登天。"夫天地成而不变，何比之有？"因此对这个故事做了合理化的解释。观射父这番解释固然合情合理，但却并非这个神话在当时人心目中固有的意思。

要了解这个神话的本来面目，还是要看《山海经》的记载。《山海经》记载了很多古老的神话，其中的一篇《大荒西经》就提到"重献上天、黎邛下地"的故事，无疑跟"重黎绝地天通"有关：

> 大荒之中，有山名曰日月山，天枢也。吴姖天门，日月所入。有神人面无臂，两足反属于头上，名曰嘘。颛顼生老童，老童生重及黎，帝令重献上天，令黎邛下地，下地是生噎，处于西极，以行日月星辰之行次。有人反臂，名曰天虞。

说的是大荒世界的西方，有一座山叫日月山，这座山是天枢，也就是天的轴心。这座山又名天门，是太阳和月亮降落的地方。山上有一位神，名字叫嘘，没有双臂，两只脚高举在头顶，像是在拿大顶的样子。颛顼生老童，老童生重和黎，上帝命令"重献上天，黎邛下地"，地生了一位神叫噎（嘘就是噎，因形近而误）。噎居住在西极，负责观察日月星辰的运行。日月山上还有一位神，"反臂"，名字叫天虞。这里，"颛顼生老童，老童生重及黎，帝令重献上天，令黎邛下地"一段话，说的显然就是重黎绝地天通。

需要说明的是，我们看到的《大荒经》，是对一幅图画的"看图说话"，其内容是对一幅古老的图画的叙述，《大荒经》分为《大荒东经》《大荒南经》《大荒西经》《大荒北经》和《海内经》五篇，分别是对图画的四方和中央的内容的叙述，《大荒西经》叙述的是图画西方的画面内容。

但并非《大荒经》中所记载的所有内容都是画面所见。就像小学生作看图说话练习一样，看图说话者在讲述画面内容时，往往会引用他知道的故事对画面的意思加以解释，《大荒西经》这段记载中，"颛顼生老童，老童生重及黎，帝令重献上天，令黎邛下地，下地是生噎，处于西极，以行日月星辰之行次"这一段话，是静态画面所无法表现的，显然不是图中固有内容，而是述图者补充的说明，用以解释画面中"噎"的身世和职能。这段记述中，只有"大荒之中，有山名曰日月山，天枢也。吴姞天门，日月所入。有神人面无臂，两足反属于头上，名曰噓。……有人反臂，名曰天虞"数句是对画面的直接写照：被称为天枢和天门的日月山上，画着两个神人形象，即噎和天虞，噎"人面无臂，两足反属于头上"，天虞"反臂"。也就是说，图画中并没有描绘重和黎两位，而只是描绘着噎和天虞两个人物。

那么，图中描绘的这两位神的这些姿势和动作，是何用意呢？为此，首先要搞清楚噎和天虞的真正身份。

述图者引用重黎绝地天通的故事解释这个画面，这意味着，在他看来画面中所绘人物的身份和事迹与重黎绝地天通故事有关，噎和天虞可能就是重和黎。文中说噎为下地之子，下地即大地，噎即大地之子，《海内经》记载了一位神，名叫"噎鸣"，也是大地之子：

炎帝之妻，赤水之子听妖生炎居，炎居生节并，节并生戏器，戏器生祝融，祝融降处于江水，生共工，共工生术器，术器首方颠，是复土穰，以处江水。共工生后土，后土生噎鸣，噎鸣生岁十有二。

噎鸣为后土之子，《礼记·月令》云："中央土，……其神后土。"后土即大地之神，噎鸣也是大地之子。可见，噎鸣就是噎的简写，两个名字指同一个人。此外，祝融即黎，这在其他书里也有记载。

《大荒西经》说噎是黎的儿子，《海内经》则说噎鸣（噎）是祝融（黎）的孙子。《大荒西经》说："令黎邛下地，下地是生噎。"意味着下地（后土）为黎之子，而《海内经》则说后土为祝融（黎）的孙子。黎（祝融）、后土、噎之间的关系，头绪纷纭，纠结颠倒，乍看可谓一团乱麻。

其实，上古宗教未经制度化整理，因风土之异、族群之别，一神分化为多神，多神混迹为一神，实属原始宗教中常见的现象，就像现在遍地的奶奶庙、娘娘庙、老爷庙的谱系和名字也是乱成一团一样，再加之传说在流传过程中，因音韵之变、转写之讹，一神而多名、一名而异写的现象也是势所必然，从而导致神谱的混乱和歧异。后人不明白这个道理，为了调和歧异、整齐故事，常常想当然地硬作调和或强为区分，因见一神之异名，而不知其原为一神，故分别为二神，又因二者名称虽异，但职能相同，因此又将两者联宗为父子、爷孙，如此一来，同一神格就衍生为一长串的神族世系。

明白这个道理，就可知道黎与噎、后土与噎鸣，虽称为父子或祖孙，原本可能是同一神格，具有相同的宗教职能，即都是土地神一神的分化，也就是说，《大荒西经》以噎为黎之子，无异于表明噎亦即黎，两者同为下地之神。

噎既为黎，则天虞与之同处一个画面，必定就是重。

明白了噎和天虞其实就是绝地天通的黎和重，《大荒西经》所述画面中噎和天虞的所作所为的意义也就迎刃而解了。"重献上天，黎邛下地"，郭璞注说："献、邛，义未详也。"不知道是什么意思。《楚语》说："重实上天，黎实下地。"韦昭注说："言重能举上天，黎能抑下地。"袁珂先生认为韦昭说的"举、抑"似即本《大荒经》的"献、邛"，"献、邛"殆即"举、抑"之义，并认为"邛"字或即"印"字之讹，"印"有"按下"之义，与"抑"同义①。

重、黎为兄弟，齐心协力分天地，天在上，故曰献，地在下，故曰抑，一上一下，方能把天分开。那么，若用图画表现，该如何表现重、黎分天地的动作呢？最直观的示意画法，就是绘一人两臂高举，作托起天穹之状，另绘一人双手往下压，作按下大地之势。

《大荒西经》噎与天虞所呈现的就是这种形象："有神人面无臂，两足反属于头上，名曰嘘。"嘘或噎即抑下地的黎，画面中，他头脚倒立，正在用力将大地按下去。谓之"无臂"，大概并非无臂，只是因为双臂在下，因此在图中画得不太醒目而已。"有人反臂，名曰天虞。"天虞即举上天的重，"反臂"可解释为双臂反背于背后，也可解释为双臂反手高举，双臂反背身后，是人的常见动作，图画没必要刻意表现，述图者也没必要刻意提点，因此，此处当理解为双臂高举，表示重或天虞正在托举天穹，使之上升。《大荒经》图"立象以尽意"，这个画面生动地描绘了重黎绝地天通的动作，也直白地道出了这个故事的本义：天和地本来是合在一起

---

① 袁珂：《山海经校注》，第 462 页，巴蜀书社，1992 年。

的，是嘘和天虞两兄弟合力同心，一个往上举，一个往下压，才把
天地生生地分了开来的。

如此说来，重黎绝地天通的故事顿时失去了其在《楚语》中被
赋予的那番精妙的神秘意味，而显得极为简单粗暴。其实，简单粗
暴才是民间故事的本相，尤其是像开天辟地这般伟业，不用暴力是
无法实现的。盘古挥动板斧开天地的故事较之重黎兄弟，就显得更
简单粗暴，至于希腊神话说，天空之神乌拉诺斯与大地母神盖亚无
休无止地交媾，导致盖亚无法忍受，最后是他们的儿子库洛诺斯挥
舞锋利的镰刀砍断父亲的生殖器，才导致天空与大地分离，就不仅
粗暴而且是残忍了。

《大荒经》图中将嘘与天虞这对开辟之神绘于日月山上，是意
味深长的。《大荒经》的西方有七座日月所入之山，表示太阳在一
年十二个月的落山方位，日月山是正中一座，即春、秋分之日太阳
降落之山，位于大荒版图的正西方。此山所在的场景中，除了描绘
了举上天、按下地的嘘和天虞之外，还描绘了常羲生十二月的场
景。常羲生十二月，与分一年为十二月的历法制度有关，她与生十
日的羲和都是帝俊之妻，亦属创世之神。常羲就是嫦娥的前身。羲
和生十日、常羲生十二月，是创造时间，嘘与天虞绝地天通，是开
辟空间，它们都是创世之神，《大荒经》图画将创造时间的常羲与
开辟天地、创造空间的嘘、天虞描绘于日月山这同一场景，可见此
山在大荒版图的宇宙观中具有重要的宗教和神话意味，故此山被称
为"天枢""天门"。天枢，是说此山为天之中枢，是天地相连的
枢纽；天门，是说此山为天地相通之门户。——嘘和天虞要分开天
地，自然要从天之中枢着手施工，而天地一旦分开，天地不复相
连，但在天地枢纽之处，大概还保留着上天入地的神圣通道，故又
谓之天门。整个故事说的大概是，嘘和天虞兄弟俩合伙把人类登天

的路给绝了，却在山上留有唯一的登天通道，即天门，这兄弟俩把守在天门，跟有资格上天入地的人或神收门票，说起来有点很不地道。

## 三、重黎绝地天通的天文学内涵

创世神话涉及宇宙秩序的建立，因此往往有天文学背景，重黎绝地天通的神话亦不当例外。重与黎二人分别司天属神、司地属民的神话，很容易让人联想到一个著名的天文神话，即"参商不相见"的故事，《左传》昭公元年：

> 昔高辛氏有二子，伯曰阏伯，季曰实沈，居于旷林，不相能也，日寻干戈，以相征讨。后帝不臧，迁阏伯于商丘，主辰，商人是因，故辰为商星；迁实沈于大夏，主参，唐人是因，以服事夏商。

这个故事反映的是一个在古代妇孺皆知的天文学常识：辰即东方七宿中的心宿，又名大火，西方谓之天蝎座，参即西方七宿中的参宿，又名白虎，西方谓之猎户座。[1]大火与参两者在天球上一东一西，恰好相差约 180 度，也就是说，当大火星于黄昏时升起于东方地平线时，参星正好坠入西方地平线，相反，当参星于黄昏时升起于东方地平线时，大火星正好坠入西方地平线，杜甫的诗句"人生不相见，动若参与商"说的就是这个意思，阏伯、实沈兄弟俩日寻干戈、不共戴天的神话反映的就是这一天文现象。由于大火星"和参"极为明亮，十分引人注目，上古时期，大火星在黄昏升起时，

---

① 《史记·天官书》云："参为白虎。"后以白虎通称西方七宿。

正当春天，大火星在整个春、夏两季都见于夜空，参星在黄昏升起时，正当秋天，参星在整个秋、冬二季都见于夜空，因此古人用这两个星宿分别作为春—夏、秋—冬的标志星。

比较"参辰各司冬夏"和"重黎绝地天通"两个神话，两者之间的同构关系一目了然，两个神话中都存在着典型的二元对立关系。在参辰神话中，以实沈、参星、秋冬为一方，以阏伯、大火、春夏为另一方，在重黎神话中，以南正重、天、神为一方，以火正黎、地、民为一方。在宇宙论的意义上，参、辰的对立可归结为秋冬、春夏的对立，重、黎的对立可归结为天、地的对立。在重黎神话中，黎为火正而司地，在参商神话中，阏伯主大火，黎与阏伯实皆为火神，当归于同一组，如此一来，火正黎司地当与阏伯主辰司春夏相对应，相应地，南正重司天当与实沈主参、司秋冬相对应，如下表所示：

| | | |
|---|---|---|
| 参商神话 | 实沈 | 阏伯 |
| | 参 | 辰 |
| | 秋冬 | 春夏 |
| | 唐 | 商 |
| 重黎神话 | 重 | 黎 |
| | 天 | 地 |
| | 南正 | 火正 |
| | 神 | 民 |

古代宇宙观中，将秋冬与天对应、春夏与地对应的时空格局，

可以从《周礼·春官宗伯》得以证明：

> 凡以神仕者，掌三辰之法，以犹鬼神示之居，辨其名
> 物。以冬日至，致天神人鬼；以夏日至，致地示物魅。

"以神仕者"即巫、祝、宗之类负责祭祀群神的宗教神职人员。神职人员以冬至祀天神人鬼（祖先）、以夏至祀地示物魅，将冬天和天神、夏天和地示对应起来，当有天文学上的根据。春夏季节，万物生长，农事繁忙，民众皆散居野处，唯耕稼是务，无暇聚会，故《礼记·月令》于孟夏之月云："命野虞出行田原，为天子劳农劝民，毋或失时。命司徒巡行县鄙，命农勉作，毋休于都。"相当于现在南方一些地方的"开秧门"，插秧开始了，农民都下地插秧，青年男女就不能歌舞游玩了；秋收之后，农功毕歇，冬日农闲，民众皆聚居都邑，当即之际，方可聚会民众，举行盛大的祭祀庆典，蒸尝群神，报答先祖，以为一个岁时周期的结束，故《月令》于孟冬之月云："是月也，大饮烝。天子乃祈来年于天宗，大割祠于公社及门闾。腊先祖五祀，劳农以休息之。"相当于南方的"关秧门"，地里的秧插完了，农闲时节，青年男女载歌载舞，农民们开始敬神祭天。正因为春夏为民事繁忙之季，冬天为祭祀群神之时，民属于地，而神属于天，所以在古人的观念中，就将夏与地（民）、冬与天（神）对应起来。

明白这个道理，则知"司地以属民"的火正黎，当即大火星之神：大火星春天升起，整个夏天都可以看到，因此被古人作为春、夏农作时节的时间标志。既然黎为火星，那么，与之相对的"司天以属神"的重必为参星之神。

实际上，正是《大荒西经》的记载，为重与火星的关系提供了

有力的佐证。如上所述，《大荒西经》提及重黎绝地天通的神话，旨在说明大荒版图中噎鸣与天虞两个形象的身世和事迹：天虞即献上天的重，噎鸣即邛下地的黎。黎即大火，大火何以称为"噎鸣"，无从考证，至于重或参星称为"天虞"，却不难解释。《说文》云："虞，驺虞也。白虎黑文，尾长于身。"可见，天虞即天虎，《山海经》中凡名称中含"天"字者，多与天文、天象有关。《史记·天官书》云："参为白虎。"天虞作为天上的白虎，自然就是白虎星，亦即参宿，或猎户座。①

《楚语》谓颛顼"命南正重司天以属神，命火正黎司地以属民"，黎为大火星之神，谓之火正，可谓名实相副，而重为参宿之神，谓之"南正"，又是什么意思呢？道理仍要去天文学中找。古人以参星昏见南方作为一年开始的标志，《夏小正》一月："初昏，参中。盖记时也云。"初昏参中，即参宿在黄昏时见于正南方夜空。"一年之计在于春"，《夏小正》的记载表明，古人将参宿昏正作为一月亦即春天到来的标志，参星之神因此得名为"南正"。

实际上，"南"字初文可能就是象征参星的构形。"南"字甲骨文作 $\text{岗}$、$\text{岗}$、$\text{岗}$、$\text{岗}$ 等形，比较这一字形与中国天文图中参、觜二宿的图形，相似性一目了然："南"字上部的"火"字构件，象征觜宿三星，即白虎之首；下部两旁竖画，象征参宿四、六和五、七分别连接而成的两条竖线，即白虎的四足；两竖画中间的两条（或一条）横划，则象征参三星和其下的伐三星。这意味着，"南"字的本义除表示南方外，很可能还指参星。有鉴于此，有必要重新审视涉及"南"字的甲骨卜辞，其中或许有些卜辞中的"南"字指

---

① 虎为百兽之王，因此"虞"又引申为意指掌管园囿野兽的虞人，《尚书·尧典》舜命伯益为虞，主管"上下草木鸟兽"是也。有意思的是，西方天文学中，参星被称为猎户座，亦与野兽有关。

的就是参星。

综上所述，重黎绝地天通神话并非一个纯凭想象杜撰的创世神话，它与阏伯、实沈不相见的神话有着共同的天文学背景：重即参星（猎户座），黎即大火星（天蝎座），重、黎两兄弟绝地天通，实指参星与火星分司冬和夏，这个故事与阏伯、实沈两兄弟不共戴天的故事一样，都是源于对猎户座和天蝎座这两个星空中最重要的星座的观察和演义。

天虞本义为天上的老虎，古人一定是将参宿想象为老虎的形象，正如大火星被想象为一团夜空中的火焰，但在重黎绝地天通、阏伯实沈不相见的故事中，它们都已经演变为创世神话的英雄或历史神话中的先王，同样，在大荒版图这个描绘于日月山上方的画面中，天虞和噎鸣也被表现为两个齐心协力分开天地的创世人物，两者都以神或人的形象而出现。天虞、噎鸣的神话尽管源于大火星与白虎星的天象，但这一画面的用意却不在图绘天象，而是旨在表现开天辟地的创世神话，借以说明"日月山""天枢""天门"的宇宙论意义。

## 结语

我们讨论了三个故事：其一，重黎绝地天通，载于《尚书》《国语》；其二，噎与天虞，载于《山海经》；其三，参商不相见，载于《左传》。乍看之下，这三个故事全不搭界，经过我们的一番分析，却发现它们讲的是同一个故事，反映的是同一种天文学知识，即天蝎座和猎户座各据一方、各司夏冬的天象。

天蝎座和猎户座，是夜空中两个最灿烂的星座之一，两个星座周围，都有众多明亮的星星，是北方夜空中能够看到的两片最为壮丽的星区。自古至今，年复一年，每到夏夜，天蝎座升起于南方，每到冬夜，猎户座辉映于南方，这两个天上的冤家对头，此起彼伏，你来我往，为人间标示着季节的到来、岁月的流逝。古时候的人，年复一年、夜复一夜地目睹这种星象，因此必定对之熟稔于心，他们知道，看到红色的天蝎座升起的时候，就该是下田干活的时候了，看到洁白的猎户座升起的时候，则到了祭祀众神的时节了。因此，他们不仅将天蝎座和猎户座分别作为夏天和冬天的标志，还用它们分别作为地上人间和天上神界的标志，而两个星座永远天地暌隔的现象，又被作为天、地分离的象征。于是，由天蝎座和猎户座分主夏、冬，引申出参商不相见的神话；由天蝎座和猎户座分为地上人间与天上神界的象征，引申出重黎绝地天通的神话；进一步又引申为噎与天虞开天辟地的创世神话。

黄悦

女，陕西洛川人。文学博士，北京语言大学人文学院副教授，硕士生导师。主要从事比较文学、比较神话学方面的研究，特别关注神话学与文学的互释以及神话的当代转化及其现代意义。出版专著《神话叙事与集体记忆——〈淮南子〉的文化阐释》，在《中国比较文学》等刊物上发表《神话历史：一个跨学科的新视角》《〈水死〉中的神话原型与文化隐喻》等十余篇论文。2013年入选"北京市青年英才计划"。

# 中国创世神话中的文化基因

众所周知，创世神话是所有神话中很重要也带有根本性的一种类型，主要讲述世界是如何起源的，当然在更广泛的意义上，在很多情况下，还包括人类是如何出现的、世界的基本秩序是如何奠定的，等等。按照这样的定义，只要对神话稍有了解就会发现：创世神话普遍分布于所有民族的神话中，甚至很多民族的神话，一开篇就是创世故事。大概是因为用神话的方式解释世界的起源，是人类共通的心理本能。当然，这个创世的方式每个民族的理解是不同的，有的是一个无所不能的神用意念直接创造世界，比如《圣经·创世记》，神想要什么就有什么，不需要借助任何其他力量；也有讲动物创造世界的，比如南美洲的很多动物创世神话。沿着这个思路往下研究的时候，西方学者发现了一个令他们难以理解的现象，早期中国好像没有创世神话啊。有人可能会立即反驳，我们怎么会没

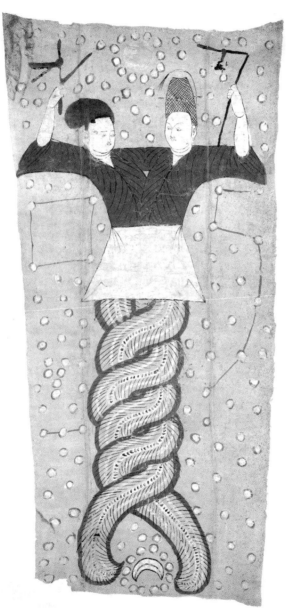

唐·伏羲女娲像页（绢本）

有创世神话呢，盘古开天辟地不就是我们的创世神话吗？大家回想一下：是不是一说到创世，大家脑子里想的都是盘古。这个观念在今天深入人心，就连民间说书人讲一个故事的时候都要讲，"自从盘古开天地，三皇五帝到如今"，一句话就跨越了鸿蒙初开到当下的时间跨度。为什么这些西方研究者会对我们的材料视而不见呢？其实这也不是汉学家闭目塞听，要理解他们的质疑，我们先要明白创世神话的两个基本特点：第一个特点是原发性，就是它通常处在神话体系的开端，我们看苏美尔人的神话、古埃及的神话。甚至《圣经》中都是这样的结构，一种世界观首先要解释的就是世界的来源，所以通常创世神话都是神话的开头；第二个特点是根本性，对世界起源的解释是一切文化秩序的基础和依据，创世神话是后来所有社会意义的逻辑起点，所以一定与后来的许多神话关系密切。

而盘古开天辟地作为中国的创世神话有两个反常之处，第一个反常是：盘古开天辟地这么大的事情，在汉族文献中出现的时间非常晚，有多晚呢？三国的时候有个人叫徐整，他写了一本书叫《三五历纪》，这本书今天已经看不到了，只能在一些后代的书中看到其他书里引用的只言片语。可能很多人都不知道这本书，因为它既不像四书五经一样被纳入经典的行列，也不像一般的通俗文学一样在民间流传广泛。根据《艺文类聚》中所保留下来的部分，这本书中关于盘古开天辟地是这样记载的：

> 天地混沌如鸡子。盘古生在其中。万八千岁。天地开辟。阳清为天。阴浊为地。盘古在其中。一日九变。神于天。圣于地。天日高一丈。地日厚一丈。盘古日长一丈。如此万八千岁。天数极高。地数极深。盘古极长。故天去地九万里。后乃有三皇。

　　为什么盘古地位那么高，又出现得那么晚呢？参考顾颉刚先生在研究中国上古史的时候就提出的一个理论，用来解释那些时代越早、地位越高的神，在文献中出现的时间越晚，顾颉刚先生说这是后人作伪，后来的人为了抬高自己所推崇的神，在前代已有的"神谱"之上又加了更古老的一代。顾颉刚先生用了一个很形象的比喻，叫"譬如积薪"，就好像堆放木柴一样，后放的总会堆在最上面。我们前面说过，中国传统学术中没有专门研究神话的学科，研究范围上最接近的大概就是"上古史"，在 20 世纪二三十年代曾经出现过一个以顾颉刚先生为代表的很有活力的研究群体，人们把他们称为"古史辨"派。古史辨派想做的事情，就是从错综复杂的上古神系中清理出一个演变流传的脉络。按照这个理论，盘古作为创始之初最古老的神，很可能就是后出现的。

　　第二个反常是：盘古作为这么重要的一个创世大神，他的身份和位置比较孤立，没看到他在创世之前有什么故事，而且好像工作完成之后就退场了，当然按照《三五历记》中的记载，天地分开之后，他身体的不同部位直接化成世间万物，所以也算是以另一种方式参与了世界的发展。其实在全世界的创世神话中，一个创世大神，用自己的身体化成世界这种情节很常见，因为他也并没有别的材料可用吧。比如在古巴比伦的创世史诗《埃努玛·埃利什》中，提阿玛特在斗争中失败，被自己的儿子新神马杜克杀死，身体化为世间万物。而古希腊神话中，卡俄斯生出了盖娅，盖娅则用类似人类生殖的方式产生了天空神乌兰诺斯，又生出了克洛诺斯，以及后面一代的神，直到盖娅的孙辈中出现了宙斯这个新神的领袖，才重新定义了神界的秩序。但盘古的情况不一样，他跟前后所有的神都没有什么来往，所以就有人怀疑他是个外来的神。盘古的这种孤独还表现在后世崇拜祭祀他的仪式并不多，他和汉族民俗之间的关系比较浅，不像女娲、伏羲深入到了人们日常的仪式之中，反倒是在汉族以外的地区流传比较广泛，这就更让他看起来像个外来者。那他具体是哪里来的呢？有一种观点认为他是从佛教中来的，佛教在汉代的时候传入中国，所以到了三国的时候才会在文献中看到盘古。还有一种说法认为盘古是来自于西南少数民族，也就是说人们觉得盘古不是一个汉族的神，在后来民族融合交流的过程中才逐渐融入中原的正统神系。其中比较有代表性的就是茅盾先生的研究。说到茅盾先生我们通常觉得他是一个作家、文学评论家，其实他早期也是一个非常有见地的神话研究者。他在《中国神话 ABC》这本书中提出，盘古神话应该是源于南方，后来才逐渐传到了北方。茅盾先生分析的一个重要材料来自南朝梁昉的一本叫《述异记》的书，书中记载：

> 昔盘古氏之死也，头为四岳，目为日月，脂膏为江海，毛发为草木。秦汉间俗说：盘古氏头为东岳，腹为中岳，左臂为南岳，右臂为北岳，足为西岳。先儒说：盘古氏泣为江河，气为风，目瞳为电。古说：盘古氏喜为晴，怒为阴。吴楚间说：盘古氏夫妻，阴阳之始也。今南海有盘古氏墓，亘三百里，俗云后人追葬盘古之魂也。桂林有盘古祠，今人祝祀，南海有盘古国，今人皆以盘古为姓。盘古氏，天地万物之祖也，而生物始于盘古。

茅盾先生分析说伴随着汉文帝通南粤地区，盘古神话才开始逐渐北传，而《述异记》的作者梁昉是吴人，这恰好标定了盘古故事北传的路线。后来袁珂先生根据这则材料进一步具体将盘古的老家划定在今天广西象州。闻一多先生则从音韵的角度入手，认为"伏羲和盘瓠不过是一音之转", 而盘古就是盘瓠, 也就是匏瓠, 这几个神的分化是一个语言讹变的结果。我们知道伏羲是汉族尊奉的创世大神, 这样一来盘古的身份倒是正式了, 但是这种说法也有矛盾没有解决, 就是伏羲创世的方式与盘古截然不同, 好像并不能互相代替。

虽然学者们关于盘古的身份信息还有争论, 但基本都认为他是一个南方来的神, 联系顾颉刚先生的说法, 正因为盘古是后进入汉族神谱的, 所以直接就被置于创世诸神谱系的最顶端, 成了开天辟地的第一大神。这个思路对道教影响很大, 在东晋葛洪的《枕中书·众仙记》中, 盘古被奉为"盘古真人", 也称"元始天王", 地位远在"三皇""五帝"之上。但遗憾的是, 这两种外来说也都没有被完全证实, 因为口头材料的具体年代不太容易断定, 所以很难取得实质性的确证。

虽然盘古的身世还是没有完全搞清, 但有了比较的眼光, 我们就很容易理解, 为什么当西方学者把中国的创世神话和诸如古埃及神话、古希腊神话中关于创世的内容对比的时候, 就有一种很直观的感觉, 中国没有原生的创世神话, 就连唯一的最像创世大神的盘古, 身份还经常受到怀疑。这个问题或许可以换个说法更为准确, 那就是: 中国文化好像没有经历过用神话的方式来解释世界起源的阶段。所以我们能看到的持盘古外来说观点的学者以国外的汉学家居多。他们认为盘古氏神话的化生主题与佛教《吠陀经》中关于梵天(Brahma)的宇宙化生情节很相似, Brahma 在汉译佛经中通常译作"梵摩"或"梵天", 但这个词另有一种音译就非常接近于盘或者盘古。当然中国学者大多数不同意这种说法, 因为这种观点背后有一种很危险的倾向, 就是中国文明不是自发形成的, 而是外面传来的, 你看连神话都没有嘛。这就好像说, 一个人, 家里怎么没有一点小时候成长的痕迹，也没有保留下任何幼年时的回忆，那就很奇怪了，这个人会不会不是亲生的，是领养的啊？从这里大家可能就可以看出，为什么历史学家要为了一个那么古老的神的身份争论不止，因为神话被认为是一个民族共同的文化记忆。

这么说来盘古作为创世大神不够有公信力。那么中国更可靠的创世神话在哪里呢？我举个例子，《道德经》中有这样一句话：道生一，一生二，二生三，三生万物。大家觉得这是哲学还是思想？反正不是神话，因为神话必须是故事啊。这句话后面跟着的"万物负阴而抱阳，冲气以为和"更让它看起来像是一种对世界规律的理性概括，而不是具体形象的神话故事。那中国古代典籍中是不是就没有类似的神话故事呢？如果我们要找的话，也有拟人化的表达。比如《淮南子》压卷的《原道》篇中就讲道："泰古二皇，得道之柄，立于中央。神与化游，以抚四方。是故能天运地滞，转轮而无废，水流而不止，与万物终始。"这里的二神与四方再到万物的故事，很像我们通常理解的神话的样子，因为里面有神了嘛。而且这个故事不只出现一次，《淮南子·精神》一开头就说道：

> 古未有天地之时，惟像无形，窈窈冥冥。芒芠漠闵，澒蒙鸿洞，莫知其门。有二神混生，经天营地，孔乎莫知其所终极，滔乎莫知其所止息。于是乃别为阴阳，离为八极，刚柔相成，万物乃形。

但是《淮南子》可是汉代的典籍啊，按照我们今天的眼光来看，汉代人的世界观应该更加理性了，为什么表述的方式反倒回到了神话的样貌呢？针对这则材料，顾颉刚先生以一以贯之的怀疑精神指出："此说为《淮南子》中首次出现。"既然是首次出现，那就有可能是外来的，或者是后起的。那么这个观念是不是后起的呢？我们知道汉代的阴阳五行思想非常盛行，研究者通常也都认为：这里的泰古二皇就是阴阳二气之化身，所以这应该是对一种抽象理念的拟人化表达，是哲学思想的衍生物。换句话说就是汉代的知识分子把道家哲学继承下来，然后用神话故事的方式生动地表达出来。这样解释有点不合常理。通常人类的思想发展都会经历一个从形象到抽象的过程，那么一个已经发展出精炼的、抽象的哲学思想的知识共同体，为什么要重新返回到神话的表达模式呢？那就导向了另一种可能，就是这两种表述其实是同源的，他们共同的源头就是中国的创世神话。讲到这里，关于中国的创世神话似乎陷入了僵局，二神创世的神话究竟是不是汉代人的发明，需要考古资料的印证。

1942 年在长沙出土的楚帛书带给我们一些新的信息，帛书就是写在绢帛上的图文，出土地点是长沙东郊子弹库的王家祖山一座楚墓，所以通常被称作子弹库帛书。据 1973 年对该墓葬发掘的报告判断，墓葬年代为战国中、晚期之交，帛书写作年代当与此相同或稍早（具体信息见湖南省博物馆：《长沙子弹库战国木椁墓》，《文物》，1974 年第 2 期）。这个帛书是被盗掘的，在战乱年代命运多舛，几经流转现在藏在美国大都会博物馆，关于这个帛书的出土和收藏流转有很多非常精彩的故事。言归正传，在这个高 38.5 厘米、宽 46.2 厘米的区域内，有图有字，而且是分区域往不同方向书写的，看起来非常规整，别有深意。研究者根据它的位置称之为甲乙丙篇。帛书的出土引起了学界的重视，帛书保存不易，所以上面很多信息都看不清了，加之文字的流变，很多古文字学家为了释读这个文献做出了努力，商承祚、陈梦家、饶宗颐、李学勤等学术大家都曾经专门研究这个帛书。北大的李零先生研究楚帛书多年，写了《长沙子弹库战国楚帛书研究》，这是楚帛书研究中的一部里程碑式的著作。李零先生认为这是古代的历忌数术之书，其中涉及四时、十二月令月神、历法、禁忌，而甲篇的内容就是一部中华创世神话。这一点很多学者是取得共识的，连劭名先生称楚帛书甲篇为"神话篇"，认为它是"叙述宇宙起源的传说，自成体系，结构完整"。萧兵先生则把楚帛书甲篇内容视为"南方洪水故事"，其中主要叙述世界的毁灭与再创造。董楚平先生则通过对比，指出这是一则战国时代生殖型的创世神话，带有楚文化的鲜明特色，代表了上古创世神话的民间形态，我们以董楚平先生的解释为准来看一下帛书甲篇的内容：

> 在天地尚未形成世界处于混沌状态之时，先有伏羲、女娲二神结为夫妇，生了四子。这四子后来成为代表四时的四神。四神开辟天地，这是他们懂得阴阳参化法则的远古，由禹与契来管理大地，制定历法，使形成升落有序，山陵畅通，并使山陵与江海之间阴阳通气。当时未有日月，由四神轮流代表四时。四神的老大叫青干，老二叫朱四单，老三叫白大橪，老四叫墨干。一千数百年以后，帝夋生出日月。从此九州太平，山陵安靖。四神还造了天盖，使它旋转，并用五色木的精华加固天盖。炎帝派祝融以四极奠定三天四极。人们都敬事九天，求得太平，不敢蔑视天神。帝夋于是制定日月的运转规则。后来共工氏制定十干、闰月，制定更为准确的历法，一日夜分为宵、朝、昼、夕[①]。

---

[①] 原文及释文见董楚平：《中国上古创世神话钩沉——楚帛甲篇解读兼谈中国神话的若干问题》，《中国社会科学》，第 153—167 页，2002 年第 5 期。

　　这个创世衍生的故事其实并没有失传，《太平御览》所引《淮南子·精神》的版本是"有二神，混沌生，经天营地，莫知其所生"，与今本中"二神混生"有所不同，指出了二神与混沌之间的先后关系，这一关系和神话中的创世过程相符，正是一生二、道生阴阳的创世观念之形而下的反映。混沌为一无秩序的原始状态，创世神话的另一层意义即由无秩序的状态转变为文明有秩序的世界。这个故事在后来的精英文化中被不断简化，但还是保留了其观念大体，比如《说文》对"一"字的解说就带有创世神话的意味："惟初大极，道立于一，造分天地，化成万物。"由绝对的混沌开二元的相对文明，天父地母的分离表明意识已经脱离浑然不分的无差别状态，开启了二元对立的认知编码模式。对照这则神话背后的上古观念我们就会发现，由混沌生二神、二神生出四季，而后衍生万物的故事并非凭空虚构，这一结构正是道家形而上的宇宙创生论所产生的土壤。换句话说这个神话是一个模式，就是混沌到分化的退化模式，也可以说，中国的创世神话虽然神的名字有所变化，但一个基本的叙事模式传承了下来。

　　从比较神话学的视角来看，这种模式被称为世界父母式的创世神话，在世界各地的神话中十分普遍，比如腓尼基人《桑乔尼阿松之书》中说："万物之始是一种黑暗而凝聚的有风的空气，或一种浓厚的空气的微风，以及一种混沌状态，像埃雷布斯那样的混浊漆黑，而这些都是无边无际的，久远以来就是没有形状的。但当这风爱恋自己的本原（混沌）时，就产生了一种密切的联合，那结合称为波托斯，也就是万物创造之始。"[1]今天在各民族的创世神话中

---

① ［美］雷蒙德·范·奥弗编：《太阳之歌——世界各地创世神话》，第183页，北京：中国人民大学出版社，1989年。

也还能看到。比如阿昌族的创世神话《遮帕麻与遮米麻》中讲道："在远古的时候既没有天，也没有地，只有'混沌'，混沌中无明无暗，无上无下，无依无托，无边无际，虚无缥缈……混沌中忽然闪出一道白光。有了光，也就有了黑暗；有了黑暗，也就有了阴阳。阴阳相生诞生了天公遮帕麻和地母遮米麻。明暗相间产生了三十名神将，三十名神兵。"[1]景颇族神话中的汪拉（男）、班木占（女）阴阳二"天鬼"，这则神话讲道："出现了一对代表阴阳的天鬼，男的叫能汪拉，女的叫能班木占，他们创造了天空和大地，创造了日月星辰，创造了带给人以聪明才智的'圣书'。"[2]张光直先生认为，这种"一生二、二生万物"的宇宙观，把天地的生成比做人类的生殖，是代表农业社会崇拜皇天后土、希冀土地肥腴，一如男女生殖之昌旺的观念。这代表了中国古代创世神话的一种典型形态。

回顾了中国创世神话的研究发展史，我们再回到那个西方神话学家疑惑的问题：中国到底有没有创世神话？我觉得更准确的表述应该是：单独一个人格化的创世大神开天辟地这样的神话很可能不是中国创世神话的原始面貌。西方神话研究者习惯了圣经神话、古希腊神话、古埃及神话这一类的人格神创世，就在中国的文献材料中寻找同样类型的材料，找不到就很着急，这其实是一种认知偏见。要说明这个认知偏差，要从神话学的研究路径讲起。

按照传统的看法，神话体现了人们的认识水平极端低下的时候的一种错误认识，也就是说，因为人们没有能力用更科学的方式来解释世界起源，所以只能编出神来帮忙，就好像什么知识都没有的

---

① 陶阳、钟秀：《中国创世神话》，第 39 页，上海：上海人民出版社，2006 年。
② 殷胜鸥等：《景颇族文学概况》，《云南少数民族文学资料》，第 122 页，第 1 辑。

小孩子，往往会编出一些神仙、怪物之类的故事来帮助自己理解这个世界。如果真的是这样的话，我们就不用研究神话了，因为那些解释显然没有现代科学更靠谱，可以彻底抛弃。但事情可能没有这么简单，人们讲述那些离奇的神话故事真正的目的是要为现实立法，而真正意义上的神话往往不是在创造者那里就完成的，它的意义很多时候有赖于传播者、传承者，甚至后来的解释者重新赋予，它对特定族群的影响也是超乎想象的。换句话说，就算盘古这个符号是传播而来的，已经进入文明社会的中国人选择什么样的创世故事来建构自己的世界观和文化认同，这一点是值得一个民族反复思考的。正如小孩子编造的故事里有他解释世界的冲动、认知的模型，甚至会反映他最深的恐惧和欲望，人类早期的神话中也可以读取出一种文化的基因密码。

从盘古的例子可以看出，神话学作为特定的研究领域其实是源自西方的，我们中国自己的学术传统中并没有神话学这个门类，就连"神话"这个词都是后来引进的，是日本学者在学习西方学术的过程中首先使用了这个词，在 20 世纪初才被引入汉语学术界的。现代意义上的神话学其实应该从比较神话学算起，问题最初是马克斯·缪勒等一些语言学家在研究语言的过程中提出的，他们发现在很多民族的语言中，表示特定神祇的词都有一些奇妙的相似之处，甚至往根源上追溯的话发音非常相似，词根甚至是一样的。基于这样的观察，马克斯·缪勒就提出了一个非常大胆的假设，那就是神话其实是语言的"疾病"，是在语言使用和传播的过程中以讹传讹的结果。大家可能都玩过一个游戏，就是一群人，依次排开，说给第一个人一句话，然后让这群人依次传给下一个人，传到最后的时候，这句话可能就已经完全变样了。这个可以被重复的实验其实揭示了一个语言传播过程中不稳定、易变异的规律，也是口头传播的局限性所在。对语言学家来说这个"语病论"的重点是要论证语言和文化传播的规律，比如他们研究发现很多民族的关于神的语言其实是高度同构的，由此可以推测他们具有共同的族源或者曾经进行过密切的交流。但是这种基本的研究路径，在研究中国神话的时候往往会不适用。因为这套基于语言学的研究基本都是从字母文字中发展出来的，更多的是基于读音的相似，大家有兴趣可以去看缪勒的《比较神话学》，他对印欧语系的神祇名字的考证很扎实，但是这种基于传播论的语病说并不是万能的。有一位美国学者叫 D. 博德（Derk Bodde），他研究中国神话就曾经这样吐槽："叙述的片段性造成的困难，因中国古文献特点所带来的语文范畴的繁难而变本加厉。其中主要困难在于：多义词以及容易混淆的象形文字极其多。因此寻求可以相互替代的语词和字，特别引人入胜。……这种方法如果滥用，则势必得出完全不可信的结论。"这话还是很真诚的，按照固有的一个大神创世的模式去考查中古古代典籍，就好像用一个固定形状的模子去装各种形状的东西，装不进去是正常的。这或许说到了中国古代神话比较繁杂、体系不清的原因。在漫长的流传过程中，神的名字的字形和读音都发生了一定的讹变，又经过一代代知识权威的剪裁和修订，最终保留下来的很可能只能是一个叙事模式，而非明确的角色。

那么如果我们把神话视作每个民族对世界起源问题的根本性看法，那么那些基于经验的或者没有什么情节的能不能算呢？汉学家基拉道特说过：真正的神话是对于存在的普遍秩序的阐释，对一种文化来说，深层的神话恰恰让人感觉是真实的。对人类社会的普遍经验来说"神话就是那些未经检验的真理"。神话诞生于人类文化早期，但在后来的社会发展和文化建构中仍然作为重要的资源被传承下来，这种传承的过程并非单向的意义流失，而是各种力量影响下的重新建构。神话向来都不是一种僵化独立的文化形态，从其诞生起就一直处在与各种知识、话语和意识形态的纠结之中，与其说神话是一种文化形态，不如说是一种意义生产机制，在与各种权力话语结合的过程中产生价值，在与各种社会力量的较量中获得发展，这种共生的机制造就了神话的复杂性，也恰恰是神话的生命力和价值所在。对于中国神话系统的这种特点，钱穆先生从人类历史文化演进视角分析得很是深刻："中国古代历史传说，极富理性，切近事实，与并世其他民族追述古史之充满神话气味者大不相同。……此见我中华民族之先民，早于人文演进，有其清明之观点与合理的想法。"真正构成中国创世神话的可能是一套从混沌到分化的叙事模式，其核心是作为原始完美状态的混沌、阴阳相生的二元力量和循环往复的时间结构。这三点我觉得是中国创世神话的核心，而且更重要的是构成了中国文化独特的基因。

钱婉约

　　女，江苏苏州人。文学博士，北京语言大学人文学院教授、院长，北京市中日文化交流史学会副会长，中国中外关系史学会理事。主要研究中日近代学术关系史，同时关注中国传统思想学术的近代转型。代表著作有《内藤湖南研究》《从汉学到中国学：近代日本的中国研究》和学术随笔《梅樱短笺》《书声迢递》等，并出版有学术译著数种，发表学术论文、随笔近百篇。

# 追寻"孔颜乐处"

## 一、返诸己身

　　提到孔子，大家都习惯说是伟大的思想家、教育家、儒家的开创者，或者是中国的圣人、至圣先师、万世师表等等。提到《论语》，人们一般也都马上会联想到"仁""礼"这两个核心概念，或者还有书中比较多出现的"孝忠义勇直""清廉狂狷"等等的德行品目。对《论语》，我们很容易从这些标签、概念入手，进行思想观念的辨析，评判其是非得失等等。然而，两千五百多年的历史发展，特别是近代以来的思想革命、政治运动，给孔子和《论语》以及《论语》中的这些概念，添加附着了很多后代历史的烟云。

　　我们读《论语》，就需要拨开迷雾，追寻原本的、真实的孔子，还原当时原始的孔门景象。我们需要把孔子还原成春秋时代的历史人物——既不是崇拜的神像，更不是被批判歪曲的历史小丑；把《论语》还原成一个老师、一位长者，对他的学生、对后世子弟的教导。20世纪80年代初，台湾有一本介绍《论语》的书，书名副标题题为"长者的叮咛"，给我印象很深。孔子，就是中国人的一个最有仁爱和最有智慧的长者，穿越两千五百年历史，如中国人乃至全人类的一个家长，在关照和教导你。那些谆谆教诲的叮咛，是需要你自己听了，默而识之，返诸己身，躬身践行，才能有效果、起作用的。一个"叮咛"，带出了主体与客体的互动，学习《论语》，就是需要这样一个返诸己身、知行合一的过程的。

关于这种返诸己身、知行合一的学习方法，钱穆在《阳明学述要》的自序中说到一段话——当然他是针对宋明理学的研究来说的，我们可以移用到读《论语》上来。他说：

> 讲理学最忌的是搬弄几个理性上的字面，做训诂条理的工夫，却全不得其人精神之所在。……读者须脱弃训诂和条理的眼光，直透大义，反向自心，则自无不豁然解悟。

就是说，我们不能只着眼于对于某些概念的训诂和梳理，应该通过全部的阅读，"直透大义"，去追寻孔子师生的讲学精神，去理解孔子师生的理想真谛。不仅如此，还要"反向自心"，把《论语》与自己的人生实际相结合，才能够更有思想的了悟和实际的收获。

如果追溯到更早，朱子在《论语集注》前面引程颐谈论读《论语》的方法，也说到要回向自心、返诸己身的意思：

> 程子曰：读论语，有读了全然无事者，有读了后其中

徐悲鸿《孔子讲学图》（四子侍坐）

得一两句喜者；有读了后知好之者；有读了后直有不知手
之舞之足之蹈之者。

程子曰：今人不会读书。如读论语，未读时是此等
人，读了后又只是此等人，便是不曾读。

《论语》四百九十多章，记录了孔子的言论以及他与学生的对
话，从这里，我们可以看到孔门师生是如何缅怀前贤、批评时政、
述志抒怀的，更可以看到孔子身上那些天纵之圣、德侔天地、大道
至简的光辉。司马迁说："孔子布衣，传十余世，学者宗之。"孔
门三千弟子，七十二贤弟子，四门十哲，造就了一时风气，培育了
几代传人，形成春秋战国时期的儒家显学。孔子与他的四大传人——
颜回、曾参、子思、孟子，就是后来孔庙里祭拜的儒家至圣与四位
配圣。

## 二、典出

"孔颜乐处"，典出于《论语》中以下两章：

子曰：饭疏食，饮水，曲肱而枕之，乐亦在其中矣。
不义而富且贵，于我如浮云。（《论语·述而》）

子曰：贤哉，回也！一箪食，一瓢饮，在陋巷，人不
堪其忧，回也不改其乐。贤哉，回也。（《论语·雍也》）

前一句是孔子的自述。孔子自述说，粗陋的饭食，喝着白水，
曲臂而枕，快乐也可在其中。不义之富贵，对我来说，如天边的浮
云般遥远而无关。

后一句是孔子对颜回的赞许，"贤哉，回也"，还感叹了两遍。

　　颜回，小孔子三十岁，是最得老师肯定和喜爱的学生，孔子把他看成是自己思想学术的衣钵传人，司马迁作《仲尼弟子列传》，也把颜回放在七十二贤之首。颜回天资聪慧，又好学深思，对老师的学问，能够"闻一知十"，有所发挥。孔子多处赞许他说：

　　　　吾与回言，终日不违，如愚。退而省其私，亦足以发。回也不愚。（《为政》）
　　　　回也，其心三月不违仁，其余则日月至焉而已矣。（《雍也》）
　　　　鲁哀公问："弟子孰为好学？"孔子对曰："有颜回者好学……不幸短命死矣，今也则亡，未闻好学者也。"（《雍也》）

　　独赞颜回的"好学"，说他死后，就再没有好学者了。说他宅心仁厚，以仁义为怀，而不像其他人似的，欲仁而求仁，来来往往、忽进忽出的。这是非常高度的评价。而这样的颜回，因为平民出身，家住陋巷，生活条件很差。孔子看在眼里，深深赞赏他与众不同的德性修养与精神境界。所以，说了上面这段"贤哉回也"的赞语。

　　这两句话，自汉到宋代，没有人特别注意与论及。早期儒学，多注意礼乐制度、人伦政治等等的社会问题，更多关注像《论语》中"其为人也孝悌，而好犯上作乱者，鲜矣""入则孝，出则悌，谨而信，泛爱众而亲仁""仕而优则学，学而优则仕""礼之用，和为贵。先王之道斯为美"这样的语句。

　　到了宋代的周敦颐，才第一次重视上面这两章，让他的学生二程——程颢、程颐，去寻找这个"孔颜乐处"。周敦颐的《通书》

里说:

> 颜子,一箪食,一瓢饮,在陋巷,人不堪其忧,而不改其乐。夫富贵,人所爱也,颜子不爱不求,而乐乎贫者,独何心哉?天地间有至贵至爱可求而异乎彼者,见其大而忘其小焉尔!见其大则心泰,心泰则无不足,无不足则富贵贫贱,处之一也。

二程的话,被朱熹引录在他的《论语集注》中。当时,程颢、程颐才是十四五岁的少年,跟从周敦颐学习。

> 昔受学于周茂叔,每令寻仲尼、颜子乐处,所乐何事。(朱熹《论语集注·雍也》)
>
> 程子曰:"非乐疏食饮水也,虽疏食饮水,不能改其乐也。不义之富贵,视之轻如浮云然。"又曰:"须知所乐者何事。"(《论语集注·述而》)
>
> 程子曰:"颜子之乐,非乐箪瓢陋巷也,不以贫窭累其心而改其所乐也,故夫子称其贤。"又曰:"箪瓢陋巷非可乐,盖自有其乐尔。其自当玩味,自有深意。"(《论语集注·雍也》)

在《雍也》篇"贤哉回也"章下,朱熹有一段自己的按语:

> 愚按:程子之言,引而不发,盖欲学者深思而自得之。今亦不敢妄为之说,学者但当从事于博文约礼之诲,以至于欲罢不能而竭其才,则庶几乎有以得之矣。

可见，是从宋儒开始，把这作为一个问题提了出来。从周敦颐的"每令寻仲尼、颜子乐处"，到程子的"须知所乐者何事""自当玩味，自有深意"，到朱子的"不敢妄为之说"，都"引而不发"，并不说透，让人自己去玩味、参悟。"孔颜乐处"，似乎成了禅门公案一般的不能说破，也与宋儒自矜标高的禅风论说有关，所以，"孔颜乐处"成了一桩著名的"宋学命题"。解释者往往在宋学的语境中，联系上下古今、天理人欲、禅心儒道，过于虚悬地言说。

返归《论语》，返归孔门师徒论学的当时，从《论语》中论及的关于人生"快乐"的部分章节语句，依据这些语句确实的文辞与义理的准确意义，来解析与探寻"孔颜乐处"的含义。

## 三、所乐之一：好学忘忧

"孔颜乐处"的第一层意义，便是"好学"。好学，在孔子的人生追求中非常重要，却多被后人忽略，不被看作是"孔颜乐处"的题中之义。

大家翻开《论语》，第一句就是：

> 学而时习之，不亦说乎？有朋自远方来，不亦乐乎？
> 人不知而不愠，不亦君子乎？

用三个反问句，提到了"说（悦）""乐""不愠"。这是孔子对自己为学为师经验与体会的自述，也是对自己人生快乐的自述。学，然后习，这是一件内心获得的事情，有获得，故而很快乐。我们说这个"习"，是什么意思？"习"在繁体字里，是羽毛的羽,下边一个白,是小鸟展开翅膀飞,练习飞翔。这个孔门的学,从来不只是学习文献典籍知识,而是要把学来的东西,运用到人生实践当中去。学了以后要去飞,要去实践与练习。孔子说:"不亦说乎?"——这难道不是一个在心灵上得到喜悦的事情吗?这是第一层意思。第二层意思"有朋自远方来","同门曰朋,同志曰友",在孔子这里,他开门办学,有教无类,远方有弟子来跟我学习,让我多了一个"讲习道义"的弟子同道,孔子说,我们的理想又多了一个同道,这难道不是让人快乐的事情吗?第三句,"人不知而不愠,不亦君子乎?"这是讲保持快乐,是更进一步的快乐。我的学问、我的思想,如果一时不为别人所知,不为世道承认,也并不改变我个人喜悦的心态,这叫"不愠"。能够做到这一点,就是君子。开宗明义第一句,就点出了学习在孔门的重要性,它是人生获得快乐的重要途径。

学习的重要性,在《论语》里边,还有多处述及。比如孔子自述自己是一个什么样的人,就是"好学"两字。

　　十室之邑,必有忠信如丘者焉,不如丘之好学也。
　　(《公冶长》)
　　默而识之,学而不厌,诲人不倦,何有于我哉?(《述而》)
　　若圣与仁,则吾岂敢?抑为之不厌,诲人不倦,则可谓云尔已矣。(《述而》)
　　生而知之者,上也。学而知之者,次也。困而学之,又其次也。困而不学,民斯为下矣。(《季氏》)
　　我非生而知之者,好古,敏以求之者也。(《述而》)

"不如丘之好学也"，这里是自谦？还是自负？又比如"默而识之，学而不厌，诲人不倦"下面一句是，这些对我有什么难呢？又是自谦？还是自负？还有相对于"圣与仁"的境界，孔子说，则我岂敢？我只是学而不厌，诲人不倦而已。又像是自谦，但事实上，实在是有自信与自负的意味。试想，一个人一辈子学而不厌，诲人不倦，是多么不容易做到？孔子自述，正是通过这样平凡而看似简单的道路，可以通向人们口碑中的"圣"与"仁"。《论语》中把学习分为"生而知之者""学而知之者""困而学之者"与"困而不学者"这四种情况，天才毕竟少，这是以身示范，鼓励人要不断地向古人学习、勤奋不倦、敏以求之。道出了"下学而上达"的境界。

> 叶公问孔子于子路，子路不对。子曰："女奚不曰：其为人也，发愤忘食，乐以忘忧，不知老之将至云尔。"（《述而》）

这是又一处夫子自道。孔子自述生平，唯一称道自己为人的，就是"好学"。所以，这里的"发愤忘食""乐以忘忧"，正是好学的不同状态：学而未得，发愤忘食，学有所得，乐以忘忧。因为学无止境，而人生有涯，所以他的"发愤"与"忘忧"，也就将是伴随一生的活动。

所以说，是"好学"，让人"忘忧"，让人"不知老之将至"。

## 四、所乐之二：乐道安贫

"孔颜乐处"的第二层意思，才是多为人提及的"乐道安贫",即上引出典二章。正如濂溪夫子所说,因为孔颜懂得:"天地间有至贵至爱可求而异乎彼者,见其大而忘其小焉尔!"物质的优劣高下是"小",那"至贵至爱可求"者才是"大",需要我们不断地、努力地去"探寻",这就是"乐道"。"富贵"纵好,若不合道义,那就是与我无关、遥远而飘忽的云,这就是"安贫"。现代语境中,我们一说到"安贫乐道",意思往往多侧重于前者的"安贫",而忽略了后者的"乐道"。按照《论语》里的逻辑,首先是"乐道","乐道"了才能"安贫",所以说,应该是"乐道而安贫"。不是说孔颜安于贫、喜欢贫,而是因为他们把"道义"与追求道义,放在人生的第一要义上,人生有追求道义这样一个精神志趣在,所以,能够淡忘贫、忽略贫,这是孔颜的精神境界和人生乐处。

与孔门的"乐道"相关,《论语》里有著名的"子路曾皙冉有公西华侍坐"一章。有一次,子路、曾皙、冉有、公西华这四个大弟子侍坐在老师身边,孔子对他们说,你们四个分别说说你们的志向吧。他们四个人就一一应声而答。这个子路一向是一个勇敢而鲁莽的人,快人快语"率尔而对",他说"千乘之国……可使有勇",你给我一个拥有千乘的国家,我可以使得人民都非常勇敢,在强敌如林的环境下,我这个国家也可以毅然独立。孔子就哼了一下。冉有说"方六七十,如五六十……可使民足",虽然是一个小国家,我可以使人民丰衣足食。我们知道,孔子弟子里这个冉求,是一个敛财致富很有特长的学生。孔子未作声。接着问公西华,公西华说,"宗庙之事……愿为小相",公西华对于礼仪、祭祀之事,比较有兴趣,所以他说,在国君举行宗庙祭典仪式的时候,我愿意做一个礼仪方面的小相。孔子接着再问曾皙,这个曾皙,据《孟子》记载,是孔门狂士之一,师兄弟回答老师问题时,他一直在鼓瑟。

这时，他把瑟放下来，站起来说，我要说的，与他们不一样。这就是以下这段美文：

> 曰："莫春者，春服既成，冠者五六人，童子六七人，浴乎沂，风乎舞雩，咏而归。"夫子喟然叹曰："吾与点也。"（《先进》）

曾晳说，暮春时节，我想带着同门的师兄弟们，穿着叫作"单祫"的春衣（轻便夹袄），到鲁城南边的沂水边去洗濯一番，再到舞雩台上去吹吹风，然后，唱着歌，返回夫子之门。顺便一说，这里这样的解说，是古注何晏《集解》、皇侃《义疏》到朱熹的《集注》一贯的解释，可是到后代，清儒一味反对宋学、反对朱熹，就深文周纳地解释为曾点是穿着礼服，带着祭祀的人马，到舞雩台去祭祀，祭祀求雨、"调和阴阳"，硬是将曾点的回答，也附会成与上面三个人的"为邦治国"一样。这不足为训，可以置之不理。

那么，到沂水去春游，为什么会独得孔子的赞许——"吾与点也"？又为什么孔子的赞许要"喟然叹曰"地说出？关于这一声叹息，又引得历代注家纷纷臆度评说。

> 皇疏：孔子闻点之愿，是以喟然而叹也。既叹而云"吾与点也"，言我志与点同也。所以与点同者，当时道消世乱，驰禁者众，故诸弟子皆以仕进为心，唯点独识时变，故与之也。……善其能乐道知时，逍遥游咏之至也。……唯曾生超然，独对扬德音，起予风仪，其辞清而远，其指高而适，亹亹乎固圣德之所同也。三子之谈，于兹陋矣。

这段古注简易而中肯，指出孔子感叹道消世乱，而三子之谈以仕进为心，不识时变，恐怕不能实现。只有曾子乐道而察变，能够超然仕途，逍遥游咏。所以，得到孔子的共鸣。

可是，到了宋代理学家那里，却将它抬得过高，给予许多拔高的赞语，并且与天理人欲等联系起来，趋于空疏性的阐发。比如《论语集注》此条下：

> 程子曰：孔子与点，盖与圣人之志同。便是尧舜气象也。……三人皆欲得国而治之，故夫子不取。曾点，狂者也，未必能为圣人之事，而能知圣人之志。
>
> 朱熹集注曰："曾点之学，盖有以见夫人欲尽处，天理流行，随处充满，无少欠阙，故其动静之际，从容如此。而其言志，则又不过即其所居之位，乐其日用之常，初无舍己为人之意。而其胸次悠然，直与天地万物上下同流，各得其所之妙，隐然自见于言外。视三子之规规于事为之末者，其气象不侔矣。故夫子叹息而深许之。"

"圣人之志""尧舜气象"，很高的评价，而朱熹的一大段注解，依从程子，进一步阐释曾点不一样的气象，突出其追求日常生活、人生情趣的悠然与风雅，并且将这风雅情趣抬高到"人欲尽处，天理流行""直与天地万物上下同流"的境界。但是，朱熹在晚年，曾经遗憾自己对这一章的注释未及更改。有门人问"与点之志"一章，朱子曰：

> 某平生不喜人说此语……又易箦之前，悔不改浴沂注一章，留为后学病根……（程树德《论语集释》）

到了明清，超越宋学，重返古注，解释更为深入，如袁枚《小仓山房文集》的分析：

> 圣人无一日忘天下，子路能兵，冉有能足民，公西华能礼乐，倘明王复作，天下宗予，与二三子各行其志，则东周之复，期月而已可也。无如辄环天下，终于吾道之不行，不如沂水春风，一歌一浴，较浮海居夷，其乐殊胜。盖三子之言毕，而夫子之心伤矣。适曾点旷达之言冷然入耳，遂不觉叹而与之，非果与圣人之心合也。如果与圣心契合，在夫子当莞尔而笑，不当喟然而叹。（程树德《论语集释》先进篇侍坐条）

孔子一生，抱志行道，以求救世，岂能真正忘世隐居、逍遥自乐？其收徒讲学、教导弟子，也是为了恢复周礼，推广先王的礼制文明。所以，这一章老师才让弟子们各述其志，说说如何经世济民。子路、冉有公西华一路说来，正是不同方式的为邦从政之道。孔子怎么会真的哂笑或反对他们？事实是孔子率弟子周游列国，已深知吾道之不行。所以，子路等人的回答，不啻引起老师的悲伤。而曾点的一番春游图景，"旷达之言冷然入耳"，骤然触动了夫子"道不行，乘桴浮于海""欲居九夷"的归隐之叹。至此可见，他的赞许曾点，实出于无奈，是一种时不我与的叹息，故而是"喟然叹曰"。如果是真正的"与圣心契合"，那孔子岂不是要"莞尔而笑曰"了？这种曲折深沉的情志，被袁枚分析得甚为细密周到。

## 五、所乐之三：不愠远怨

"孔颜乐处"的第三个方面，我把它归纳为"不愠远怨"。

世有清浊明暗，人有穷达顺逆，纵使好学深思，笃志力行，乐道安贫，总不免有时不我与、坎坷曲折的时候。"出师未捷身先死"，志没而身亡，这在历史上也可谓屡见不鲜。此时此刻，"孔颜乐处"还如何达成？上面述及的"道不行，乘桴浮于海""欲居九夷""浴于沂水"，大概是孔子在最消极时候的一种想法、一种感叹吧。而《论语》中另有一番平时处理矛盾，或身处逆境时的原则：

> 人不知而不愠。（《学而》）
> 躬自厚而薄责于人，则远怨矣。（《卫灵公》）
> 君子求诸己，小人求诸人。（《卫灵公》）
> 有颜回者好学，不迁怒，不贰过。（《雍也》）
> 不怨天，不尤人，下学而上达，知我者其天乎！（《宪问》）

端正人己关系，遇事多"反求诸己"，从自己身上寻找责任与原因，而不轻易责怪他人；"不迁怒，不贰过"，致力于自己切实改过，不再重犯，如此心里就不生气，就没有怨尤愤怒了，这就是"不愠远怨"。再进一步说，道不行于世而不怨天，不被人理解信用而不责怪他人，"怨天尤人"不是君子。孔子说，我踏踏实实地不断学习，努力通晓社会人事，这就是"下学"；尽人事而知天命，这就是"上达"了。穷达顺逆，终究是天意所致。所以，人只有通过不断地学习与竭尽人事，渐渐"上达"，达到"知天"的境界，也就是"天知我"的境界。

如是这般，君子不仅能够"远怨"，还能够无畏。在遭受"匡地之围"最危险的时候，孔子说：

> 天之将丧斯文也，后死者不得与于斯文也；天之未丧
> 斯文也，匡人其如予何？（《子罕》）

用现在的话说，夫子完全是忘却危难，置个人生死于度外，心中所念，唯有周礼斯文的传统，完全将一己之小我融入斯文之大我的境界中去了。

所以，"不愠远怨"也是"孔颜乐处"的重要一面。

## 六、躬身践行

《论语》中颜回对于老师学问，曾经这样赞叹。

> 颜渊喟然叹曰："仰之弥高，钻之弥坚，瞻之在前，忽焉在后。夫子循循然善诱人，博我以文，约我以礼。欲罢不能，既竭吾才，如有所立卓尔。虽欲从之。末由也已。"（《子罕》）

在整部《论语》中，颜回一直是谦虚低调、默默寡言的，或许只有在感叹老师学问思想的伟大时，才这么不惜言辞地如此兼用了比喻、描述、陈述、抒情等等的修辞手法。这也再次让我们看到颜回对其师孔夫子学问不懈地追求和高度的精神契合。"孔颜乐处"之命题以孔颜并列，实非虚设。

我们主要从"好学忘忧""乐道安贫""不愠远怨"三个方面，解析了宋儒公案"孔颜乐处"的意蕴，揭示了它所蕴含的"学而不厌、诲人不倦"这种终身学习的为学教学理念，"箪食瓢饮、不改其乐"这种超越物质生活的精神生活品质，以及"不知不愠""不迁怒，不贰过""躬自厚而薄责于人"等等立身处世的原

则。这些垂训，包括孔颜的身体力行，又都是从人生最简易、最根本的地方入手而为的，是人人都可以效仿学习、人人都有望达到的境地。因为平易，所以广大，至可宝贵。"孔颜乐处"原来是这样的一份"大道至简"的人生启示。

"孔颜乐处"的真谛，不是不能说破，而是不应该仅仅限于被论说。因为它与其说是一种知识理论，不如说更是需要我们用一辈子去追求、去躬身践行的人生过程——一种智慧与道德统一的人生过程。它不应该被我们淡忘或熟视无睹，恰恰相反，温故而知新，这样的"孔颜乐处"，不正是可大可久的中华民族的道德精神传统之一吗？

**孟琢**

北京人。北京师范大学文学院副教授、硕士生导师，北京师范大学章太炎黄侃研究中心副主任，从事《说文》学、训诂学、章黄学术研究。曾获 2013 年全国优秀博士论文提名奖、2012 年北京市优秀博士论文奖、第二届全国青年教师教学比赛一等奖、北京高校第八届青年教师教学基本功比赛一等奖等科研教学奖项。发表学术论文三十余篇，著有《齐物论释疏证》等。

# 立人与诗教
## ——《论语》教育思想漫谈

孔子在中国历史上的形象非常多元，历代学者对此有着不同的阐释，有些阐释差异很大。有人认为孔子是学问家，有人认为孔子是政治家，还有一些阐释带有一定神秘色彩。但在我们看来，孔子最基础的历史形象，应当是作为一个教育家、作为一个老师的生命存在，从一个老师的角度来感受《论语》、理解孔子，会更加亲近。今天我们以孔子的教育思想为一个核心命题，来谈一谈对于《论语》的理解。

理解《论语》的教育思想，首先要了解周代教育的历史背景。在孔子所处的历史环境中，教育为贵族所垄断，尽管《周礼》等文献中描述了理想化的民间教学情景，但那大多只是想象中的美好愿景。在《左传》《礼记》等文献记载中，可以看到，当时的教育是

"学在官府"，平民想要获得教育和知识，需要付出相当辛苦的代价。《礼记·曲礼》："宦学事师。"如果想要求学，就要像奴仆、车夫一样侍奉贵族，才会有获得教育的可能。《左传》当中记载，在赵盾危难之时挺身而出的灵辄，曾经也"宦三年矣"，侍奉贵族，求学三年，家里的钱都用来交学费了，饭都吃不上，最后在桑树下奄奄一息。在孔子之前，古代的教育就是这样被贵族牢牢地垄断着的。

理解和感受这样的历史背景，是我们了解孔子教育思想的前提——孔子是中国历史上首先开启平民教育的人。下面我们将从孔子的教育理念、教育方法、孔门课堂中的诗意与智慧、孔子开启平民教育的历史意义四个角度对孔子教育思想进行探讨。

## 一、孔子的教育理念

关于孔子的教育理念，我们首先会想到孔子的"人能弘道，非道弘人"（《卫灵公》），这句话堪称孔子教育的核心理念。在贵族垄断教育的背景下，教育者和被教育者的地位是不平等的。我们看古代对"民"的训释：

> 《春秋繁露》："民者，暝也。"
> 《说文》："民，众萌也。"
> 《新书》："夫民之为言萌也，萌之为言盲也。"

"萌"不是可爱的意思，而是愚昧无知的状态。在先秦的语境中，民就是未受教育、没有文化、蒙昧无知的人。人在愚昧无知的状态下一定会违背自己的本性，因此需要外在的约束来进行强有力

宋·刘松年《秋窗读书图》

地规范，在传统的教育观念中，"君将纳民于轨物"（《左传·隐公五年》），就是将百姓强制纳入轨范之中，被教育者是需要被矫正、塑造的对象。但是，孔子说出了"人能弘道，非道弘人"，我们能看到其中本质的变化。

儒家对于代代相传的"道"极为看重，但若将"人"和"道"放在天平上进行比较时，孔子的态度非常值得关注——他认为实现"道"的基础依据与根本推动来源于"人"，这体现出孔子对于人的信任和认可，这是非常宝贵的思想。当我们实实在在地参与教育活动时，就会深切地体会到，教育是一件不断挑战我们对于人性的认知的过程。此时以这句话反省自己，能体会到孔子这句话说得非常彻底。孔子通过这句话，奠定了中国古代教育思想的底色：对于人的自身价值的认可，以及对人性彻底的信任与尊重。"人能弘道，非道弘人"，把人放在一个根本的位置上，孔子教育思想的核心，就是承认人的主体性和人的本有价值。

这样的教育理念与孔子的平民教育思想密不可分。孔子追求平民教育，他有一句非常有名的话："有教无类。"（《卫灵公》）理解这句话，首先要了解孔子的出身。孔子出身于底层贵族，根据《左传》记载，他的父亲叔梁纥是鲁国非常著名的猛士。孔子出生不久，叔梁纥就去世了，孤儿寡母，生活的艰难可想而知。在生活的泥沼中，少年孔子为了谋生做了很多卑贱的工作，放牧牛羊，看守仓库，但他始终没有放弃自我突破的追求，一直刻苦求学，不放弃任何求学的机会。《论语》中记载孔子进入太庙，这是学习周礼的绝佳机会，所以孔子"每事问"，遇到任何事都要发问，以致受到嘲讽，"孰谓鄹人之子知礼乎？"少年孔子斩钉截铁地回应："是礼也。"（《八佾》）认真探讨礼的每一项规则，是对礼的追求和尊重，这恰是对"礼"核心精神的遵守，从孔子的回答中，我们能体会到他立志求学的骨气。

"宝剑锋从磨砺出，梅花香自苦寒来"，孔子在艰难的生活中学习了各种各样的本领，有人惊讶于孔子的才能："夫子圣者与？何其多能也？"孔子感慨："吾少也贱，故多能鄙事。"（《子罕》）孔子在艰难困苦中成长为一代儒门大师。按说获得学问如此艰难，往往会敝帚自珍，不愿意传授给别人。但孔子是胸襟博大的人，特别具有"共情"能力——正因为自己的学识来之不易，他能够理解底层民众对于获得文化的渴望与获得求学机会的艰辛，不想让其他人经历与自己同样的辛酸，由此开创了中国历史上最初的平民教育。

孔子说"有教无类"（《卫灵公》），"类"是一个人的身份和社会阶层，在一个阶级森严的时代里，"有教无类"的基本含义是，教育者只考虑教育本身，不考虑受教育者的身份差异。同时，这句话还可以有另外一种理解：因为有了教育，才有可能"无类"，才有可能突破阶级对立的森严壁垒，给百姓带来平等的可能。因此，教育事业蕴含着孔子对于平等的内在追求。我们知道，孔子主张恢复等级森严的周礼，很多人认为他是等级秩序的捍卫者、拥护者。这当然是孔子思想中真实的一面，体现出鲜明的历史烙印——没有一个历史人物能够脱离历史带给他的烙印。但是，孔子在森严的阶级社会中，他的"有教无类"第一次开启了平民教育，这本身就是中国历史上乃至人类历史上对于人的平等的伟大追求。在中国的历史进程上，平民教育具有不可估量的伟大意义——教育，是推动社会平等的根本途径。

孔子树立了平民教育的理念，通过平民教育使得"人能弘道"，"己欲立而立人，己欲达而达人"（《雍也》），那么，孔子的平民教育是真的还是假的呢？有人曾怀疑孔子的教学是否收钱，好在

《论语》中孔子曾交代过自己的学费："自行束脩以上，吾未尝无诲焉。"（《述而》）在这里，"行"就是"送"的意思，"束脩"是指十根腊肉，但具体则有不同的解释。在汉字中，"修"和"脩"是两个不同的字，"修"是拿着刷子在墙上画，表示刷墙的意思，而"脩"则表示腊肉，因为腊肉是长条状的，故引申出"修长"之义。孔子教学生不收学费，只收十根腊肉，但即使如此，也有人提出质疑：不收学费是假的！一个学生，孔子收十大块腊肉啊！弟子们推着小车，把腊肉送到孔子门口。孔门弟子三千，一人十根，那是三万块大腊肉，都能开店了……

腊肉到底有多大？束脩究竟如何送？这个问题关系到孔子平民教育的诚意和清廉。想要解答这个问题，需要研究"脩"的形制。但很遗憾，我们无法看到春秋时期的腊肉，也不可能指望出土一根腊肉。考证"束脩"，首先要了解古代肉类的加工方式。在古代，肉是很宝贵的东西，古人没有冰箱，肉类保存是一个大问题。根据《周礼》等文献的记载，先要切一块方形的肉，往上面抹盐水，用姜和桂皮浸泡，再反复敲打，制成肉干，也就是"脯"；在"脯"的基础上把肉切成条，继续敲打，就制成了"脩"。由此可见，脩与脯的长度是很相近的。脯的长度，在《仪礼》里有记载："荐脯五挺。"郑玄注："一尺二寸为挺。"根据考古材料，周代一尺大概是二十三厘米左右，一尺二寸大概是二十七厘米左右——"脩"的长度很短，十根小腊肉，在任何时代都是非常菲薄的财物，双手捧过去献给老师，是一种敬师的象征。因此，孔子的平民教育，是真实无伪的。

除了平民教育精神，孔子还提出成为老师的标准：

子曰："温故而知新，可以为师矣。"（《为政》）

一般都将这句话理解为"复习学过的功课，预习新的功课，就可以成为一个老师"，但这样的理解存在一个问题——老师也太容易当了。正确理解这句话的关键在于"可以为"，"可以为"是不是"可以成为"？我们来看《论语》中的例句：

> 宪问耻。子曰："邦有道，谷；邦无道，谷，耻也。""克、伐、怨、欲不行焉，可以为仁矣？"子曰："可以为难矣，仁则吾不知也。"（《宪问》）
>
> 公叔文子之臣大夫僎，与文子同升诸公。子闻之曰："可以为文矣。"（《宪问》）

在这两句话中，"可以"是符合标准的意思。"可以为仁"就是符合仁的标准，"可以为文"则是指公叔文子能够名实相副，无愧于"文"的名号。因此，《论语》中的"可以为"不是指"可以成为"，而是符合某种标准。"温故而知新"能够符合作为一名老师的标准，这句话很大程度上是针对老师说的，孔子关注的问题是，一个老师要符合怎样的标准，才能够不愧其名、不愧其位、不愧其志。这个标准是什么？就是"温故而知新"。

对于温故知新的内涵，我们可以进行两个层面的理解。首先要结合当时的历史背景，这样一个标准的提出，和当时的大学制度密不可分。在以贵族教育为主体的时代，不是所有人都能够担任老师的。根据《尚书大传》等文献的记载："大夫、士七十而致仕，老于乡里。大夫为父师，士为少师。"担任老师的，是退休了的老贵族，老年人难免固执与封闭，但在孔子看来，那些退休的老贵族既然担任了"师"的职责，一方面要总结丰富的治国经验，另一方面要突破自己的固执和成见。因此，"温故而知新"——总结以往的治国经验，结合新的形势推陈出新，这是一个很高的要求。

其次，如果在历史背景之外理解"温故知新"的普遍含义，必须要理解"故"的内涵。"故"是传统，《说文》："古，故也。从十、口，识前言者也。"古和故同源，"古"是十口相传，也就是在有文字之前，代代口耳相传的历史和文化传统。因此，"温故"就是对于历史与传统的深入理解、体察。这也是孔子对于老师所提出的要求，深入继承本民族的文化传统，这是"温故"；与此同时，还要"知新"，使传统在新的时代的背景中不断体现出它当下的价值。

温故而知新，一方面体现了对于历史、对于传统的尊重；另一方面体现出对于人的主观能动性，对人不断突破传统、使传统具有新的生命力的追求。这涉及中国古人对于继承和创新关系的理解。没有继承去讲创新，是没有根的；但是如果仅仅去讲继承，仅仅去讲复古，而不去知新，又是没有生命力、没有未来的。孔子的文化实践和他的教育理想高度统一，就是始终在对传统的继承中寻求新知，这是一种非常辩证的教育精神和文化精神。

关于孔子的教育理念，我们再看这句话：

子以四教：文、行、忠、信。（《述而》）

"文"是指一个人的文化修养，"行"指的是做事情的能力，"忠、信"是人内在的品质。《论语》中还提到了"孔门十哲"和"孔门四科"：

德行：颜渊，闵子骞，冉伯牛，仲弓。言语：宰我，子贡。政事：冉有，季路。文学：子游，子夏。（《先进》）

"德行"是品德，"言语"和君子的修养与外交密不可分，"政事"是指做事情的能力，"文学"是对于文化的掌握。这些表述体现出孔子的重要教育理念——教育要培养的是一个全面发展、完整的人，也就是"成人"。古人的成人与今天的成人不同，今天的成人是指年龄上超过十八岁，而古人的成人代表一个人修养的完整。孔子的教育，旨在培养具有完整素养的人，既具有德行和能力，又具有充分的人文体认。

这种培养全面的人的教育理念来源何在？它根植于古代的六艺传统。六艺是周代文教传统的基本内容：礼、乐、射、御、书、数。通过礼规范人的行为，通过乐陶冶人的性情；通过射御锻炼人的社会技能——对于当时的贵族，要能够有能力登上战车、拿起弓箭戈矛，承担起保卫国家的社会责任；通过书数提升文化知识的掌握。因此，六艺本身就包含了三个层次的教育：德行的培育、能力的锻炼、文化的熏陶。孔子继承了传统六艺的教育精神，提出了对人进行完整地培养与塑造的教育思想。

## 二、孔子的教学风格

孔子曾经跟弟子们说过这样一句话：

> 二三子以我为隐乎？吾无隐乎尔。吾无行而不与二三子者，是丘也。（《述而》）

关于这句话的背景，有人就认为可能发生在孔子见南子的时候。南子是卫灵公的夫人，极为美丽，《史记》中记载：

> 灵公夫人有南子者，使人谓孔子曰："四方之君子不

辱欲与寡君为兄弟者，必见寡小君。寡小君愿见。"孔子
辞谢，不得已而见之。夫人在絺帷中。孔子入门，北面稽
首。夫人自帷中再拜，环佩玉声璆然。孔子曰："吾乡为
弗见，见之礼答焉。"子路不说。孔子矢之曰："予所否
者，天厌之！天厌之！"（《史记·孔子世家》）

南子一定要见到孔子，孔子并不想见她，但南子为了彰显自己
的政治地位，若不见她，就无法见到卫灵公，孔子没有办法，只能
去见。"见之礼答焉"，但是子路不相信，很不高兴。孔子只好发
誓，"予所否者，天厌之，天厌之"，我要真做了对不起你们的
事，老天爷都要惩罚我。在孔子那个时代，这样的发誓是非常郑重
的。据说，孔子就是在这样的背景下，对弟子们认真而深情地说了
这样一句话："二三子以我为隐乎？吾无隐乎尔。"你们认为我有
所隐瞒吗？我没有任何向你们隐瞒的事，在我的生命历程中，你们
是见证者、参与者、共同经历者。

这里其实展现出孔子教育的底色——诚意。不是所有老师都有
勇气把自己的生命过程向学生展开的，不是所有老师都有勇气进行
身教的。在今天，大多数老师和学生的关系限于课堂的关系，甚至
刻意向学生展现出高高在上、师道尊严的一面。但要知道，缺乏内
在诚意的教育，是没有力量的。在这种生命过程的隔绝中，在这种
只有言教而无身教的关系里，师生之间也许只是互相利用的过客而
已。你利用我的成绩，我利用你的教学，三年之后，六年之后，擦
肩而过，再无音信。某种意义上讲，这是教育的悲哀。

但我们看中国教育思想的源头，孔子提出了他的生命追求——
教育是可以充满诚意的，没有诚意，永远打动不了人心。但如何把
自己的生命向学生展开？支撑这份诚意的又是什么呢？

子曰："予欲无言。"子贡曰："子如不言，则小子何述焉？"子曰："天何言哉？四时行焉，百物生焉，天何言哉？"（《阳货》）

孔子有一次和弟子说："予欲无言。"我不想和你主动说了，这是孔子可爱的一面，我们会觉得他有点傲娇，这时候，一位非常懂事的学生发问了，给孔子一个很好的"台阶"，这个人就是子贡。子贡是一个情商很高的学生，他说："夫子，如果您不讲，那我们遵循什么呢？""述"是遵循的意思。子贡这句话问得好！孔子的回答是："天何言哉？四时行焉，百物生焉，天何言哉？"在《论语》中，孔子很少讲天道，但经子贡一问，孔子谈到他对天道的认识了，他反复感叹：天是不说话的，但四季运行，周流不息，春夏秋冬，代序不已。我们难得地看到了孔子对于天道的认识。

中国人讲天人合一，儒家的天人合一观是什么？一个重要的角度是，人要从苍天、从大自然中攫取一种精神力量和思想支持。"四时行焉"，孔子看到的天运转不息，这就是《系辞》中说的"天行健，君子以自强不息"，君子不会停下自我生命升华的脚步。但这种自强仅仅是自我的实现吗？四时的运转不是为了四时本身，而是在四季的运转中，使百物自然而然地生成，使万物具有磅礴无限的生机。"百物生焉"，这就是"地势坤，君子以厚德载物"。孔子从天道之中，感受生命运行不息的磅礴之感，以及承负万物、滋养万物的仁爱之义。孔子在这里讲天道，同时也展示出他的"法天而教"，"法天而教"是孔子身教的实质所在。

在诚意的身教之外，孔子的教育还体现出另一种重要的风格，那就是启发式教学。我们今天的中小学教育特别强调启发式教学，启发有一个前提，是要留给学生自己思考的空间。"启发"的

"启"，本义是开窗户，"发（發）"是把弓拉开，两者都有开启空间的意象。启发的关键，在于启发时机与条件的选择，孔子说：

> 不愤不启，不悱不发，举一隅不以三隅反，则不复也。（《述而》）

启发的条件与时机是"愤"与"悱"。什么是"愤"？"愤"和"怒"不同，"愤"是一种情感的涌动，情感在内心涌动着，却没有发出去，若发出去则是"怒"，"勃然大怒""暴怒""狂怒"，都是情感的喷发状态。在我们的语言中，"愤"和"坟"是同源的，坟包也具有一种涌动感。《说文》："愤，懑也。"《方言》："愤，盈也。"因此，"启"的前提是"愤"，要给学生空间，让他自己去感受、思索、体会，使情感不断地被调动起来，在这样的基础上给予"启"和"发"。"悱"是"心知其意而口不能言"，心里已经明白了，但却难以表达。之所以难以表达，往往是因为没有完全想清楚，没有使认识充分地理性化。恰恰是这个时候，需要留给学生充分的空间，让他的认知有自然成长的过程，再在关键性的突破点给予启发。

孔子的教育有一个非常宝贵的气质，那就是从容，给学生留下充分的自我成长、自我反思、自我体会的空间。这份从容是从哪里来的呢？这是从古代学制中继承下来的。《学记》中说："比年入学，中年考校。""中年考校"是隔一年考一次试，而不像今天中小学考试的频率越来越高。孔子追求的这种从容的教育风格，是从周代的教育传统中继承而来的。如今的孩子被教育绑架，家长被孩子绑架，教育的紧迫感让学习中的从容与空间越来越难得了。

"举一隅不以三隅反"，隅是屋角，"举一反三"这个成语就是从这里来的。孔子强调，要让学生有一个不断产生主动性认识的过程，当学生能够举一反三的时候，再去"复"，去讲新的知识。孔子说举隅，不是简单地拿屋子作比方。屋子的四个角形成一个方，方是什么？方是规矩。《论语》中说"由也为之，比及三年，可使有勇，且知方也"，"且知方也"就是"且知道也"。总之，这句话让我们看到，在教育的过程中，孔子追求从容的教育风格，强调要给学生留下足够的涵养空间。

我们看到了一个以诚意身教、从容不迫的孔子，但是孔子的教学也有他的个性。

> 孺悲欲见孔子，孔子辞以疾。将命者出户，取瑟而歌。使之闻之。（《阳货》）

孺悲是孔子的学生，这个名字很有可能带有一定的寓言色彩，因为这个名字实在太丧了——"孺"跟懦弱有关，"悲"是悲凉，这是一个懦弱悲凉的人啊。有些学者认为《论语》中的一些隐士的名字往往有一定的寓言的色彩，像长沮、桀溺——长期的沮丧，沉溺于桀纣之道，孺悲有可能也是这样的。孺悲要见孔子，孔子通过将命者转告孺悲自己生病了，但对方刚出门，孔子就"举瑟而歌"。在大多数记载中，孔子都是喜欢弹琴的，这次为什么要"举瑟而歌"呢？因为古琴的演奏讲究情感的节制，很有君子风范，但演奏时声音特别小。瑟不一样，"锦瑟无端五十弦"，从出土的瑟来看，要比琴大得多，共振强，瑟的声音比琴响很多。所以孔子在这里是有意识这样做——就是要让你听见，我不是生病，但就是不想见你。孟子说："教亦多术矣，予不屑之教诲也者，是亦教诲之而已矣。"（《告子下》）根据《礼记》记载，孺悲是鲁哀公派来向孔子学习士丧礼的使者。对于身上带有不逊色彩的学生，老师首先要折服他。从这里我们看到，孔子的教学风格一方面循循善诱、云淡风轻，但另一方面，也时刻洋溢出教育的尊严。

孔子的教育风格是灵活多变的。一个好的老师需要具备身教的诚意，也要从容不迫，给予学生充分的空间；有些学生，还要通过刺激来教导，面对强势者时，更不能忘记读书人的尊严。《论语》的记载为我们展现出孔子丰富的教学的风格，这也是孔子因材施教的表现。

## 三、孔门的课堂实录

关于孔子的课堂内容，我们先以孔子教学中非常重要的教学内容——诗教为例，看一看孔子怎么和弟子援引《诗经》来进行教学和互动的。

> 陈亢问于伯鱼曰："子亦有异闻乎？"对曰："未也。尝独立，鲤趋而过庭。曰：'学诗乎？'对曰：'未也。''不学诗，无以言。'鲤退而学诗。他日又独立，鲤趋而过庭。曰：'学礼乎？'对曰：'未也。''不学礼，无以立。'鲤退而学礼。闻斯二者。"陈亢退而喜曰："问一得三，闻诗，闻礼，又闻君子之远其子也。"（《季氏》）

孔子很注重诗教，他本身也很喜欢诗。有一次，孔子的学生陈亢去问孔子的儿子伯鱼：你爸爸有没有教给你特殊的内容？伯鱼说：没有。有一次看见孔子一个人站在那里，孔鲤便小步跑着过去，孔子看到孔鲤过来，就问：你学《诗》了吗？君子要谦虚，孔鲤不敢说自己学了，就说"未也"，没有学。孔子就说：不学习《诗》，就没有办法跟人正常交流，"不学诗无以言"，于是孔鲤"退而学诗"。孔子要求自己的儿子学习《诗》，《论语》中也说到"兴于诗，立于礼，成于乐"，首先提到《诗》，可见诗教在孔门中是非常重要的。

孔子的诗教注重什么呢？首先，《论语》中有这样一句话：

子曰：《诗》三百，一言以蔽之，曰："思无邪。"

"思无邪"的所指是什么？汉朝人包咸的注释认为"思无邪"是"归于正"，也就是要合乎正道、合乎规范。但实际上，我们读《诗经》会看到其中特别是《国风》中很多热烈奔放、缠绵悱恻的爱情诗，比如"舒而兑兑兮，无感我帨兮，无使尨也吠"，怎么看起来都不像"正风"。如果按照"合乎正道"来讲"思无邪"，有时候是讲不通的。因此，程子说"思无邪，诚也"，《周易》里讲"闲邪存诚"，"闲"是"防"的意思，"邪"与"诚"相对，"诚"是"邪"的反面，因此"思无邪"就是"诚"。在《诗经》中，我们要看到真实无伪、至真至切的情感，这是《诗经》的本质。读《诗》的核心，在于"诗者，志之所之也"，诗是一个人内心世界真实的指向。如果连诗的世界都存在着虚伪，那这个世界成什么了？因此，诗歌所带来的"不知手之舞之足之蹈之"的状态，就是人的真实生命、真实情感，是真实生命的完整展现。

孔子热爱真诚，讨厌虚伪。孔子讲修养的时候，特别喜欢那些真诚的人：

> 子曰：巧言令色，鲜矣仁。
>
> 子曰：刚毅木讷，近仁。
>
> 子曰：巧言令色足恭，左丘明耻之，丘亦耻之。

在《论语》中，孔子和子路的关系非常有意思。一方面，子路容易冲动，孔子经常批评他；另一方面，孔子又格外喜欢这个学生，因为他是一个非常真实的人。孔子强调，诗教的根本在于通过诗的熏陶与涵养，使人达到至诚无伪、真实不虚的状态，这种状态是一个人道德建设、自我修养的基础。还要注意的是，探本求源是孔子教育的重要方法。孔子强调"一以贯之""一言以蔽之"，寻找贯穿整个修养过程、生命过程的根本。孔子在讲"礼"时也一样，"礼"很容易被理解成各种琐屑的礼仪活动，孔子却指出，"仁"是礼乐的根本，"人而不仁如礼何，人而不仁如乐何？"在这里，我们都能看到孔子寻根探本的文化思考。

孔子的诗教强调把握《诗》的根本，同时也高度关注诗教的现实应用——明体达用，这是孔子教育思想的宝贵精神：

> 子曰："诵《诗》三百，授之以政不达，使于四方不能专对，虽多，亦奚以为？"（《子路》）

"授之以政不达"是说为政时事情做不通，不能学以致用，"使于四方不能专对"，古代外交场合往往赋诗言志，出使四方外交对答不能自由运用，如果这样的话，学那么多《诗》有什么用呢？在这里，孔子强调"明体"的同时也要注重致用。在他看来，学习任何东西都是这样，要能够明其体，达其用，二者缺一不备。

在《论语》中，孔子还讨论了《诗》的各种功能：

> 子曰："小子何莫学夫诗？诗，可以兴，可以观，可
> 以群，可以怨。迩之事父，远之事君。多识于鸟兽草木之
> 名。"（《阳货》）

"兴"是情感的抒发，《礼记·王制》中探讨学《诗》的最好
时机是在春天，春天万物萌动，是一个生长的时节，诗的情感之
"兴"和大自然的生发可以统一起来。"观"是什么？"观"是看
天地万物，古代没有博物教育，观四方之诗就能懂得四方的风土民
情。"群"是大家在一起交往时赋诗；"怨"是吐槽，优雅地吐
槽。兴观群怨，是《诗》各方面的功能。

关于孔子的诗教，我们再来看孔子与弟子的几次对话。一次是
和子贡的对话：

> 子贡曰："贫而无谄，富而无骄，何如？"子曰：
> "可也。未若贫而乐，富而好礼者也。"子贡曰："《诗》
> 云：'如切如磋，如琢如磨。'其斯之谓与？"子曰：
> "赐也，始可与言《诗》已矣，告诸往而知来者。"（《学
> 而》）

"贫而无谄，富而无骄"，子贡说的这句话是值得玩味的——
子贡是春秋首富，"贫而无谄"和子贡没有任何关系，他是属于
"富而无骄"这个层面的。所以这句话很有可能是子贡和颜回的一
个隐性的对比，这种事情在《论语》中发生过好几回，到最后孔子
甚至问子贡"女与回也孰愈"（《公冶长》）。《论语》中对颜
回、子贡、子路这三个弟子的记载带有一定的象征性和寓言性，颜

回道德高，子贡智商、情商双商皆高，子路英勇无畏，以这三个人象征着儒家的"智、仁、勇"三达德——"知者不惑，仁者不忧，勇者不惧"（《子罕》）。我们不要简单地把《论语》中的人物形象都理解为实录，中国古书是实录和寓言的交织，《论语》是偏重实录而带有寓言的特点，《庄子》偏重寓言但也不排除实录的内涵，虚实之间不要看得太死，虚虚实实、实实虚虚才有意思。回到这句话，子贡问孔子："贫而无谄，富而无骄，何如？"孔子说"可也"，翻译成现在一句杀伤力特别强的话，就是"还行吧"，这句话说完子贡就蔫了——怎么就还行了？我觉得我不错。于是孔子就说："未若贫而乐，富而好礼者也。"（有观点认为这里缺了一字，应该是"贫而乐道"）与子贡说的"贫而无谄，富而无骄"相比，孔子所说的境界体现出更为高远的追求，这句话是勉励子贡的。但请注意，"贫而乐"，颜回做到了——"一箪食，一瓢饮，在陋巷。人不堪其忧，回也不改其乐"（《雍也》）。孔子虽然没有明说，但仔细一想，这句话的意思就是子贡和颜回比还差得远，要向颜回学习。那一刻子贡心里明白了，自己是有缺陷的，但是这个缺陷有多大呢？子贡对自己有信心。孔子不明说，子贡也不明说，他用《诗经》——"如切如磋，如琢如磨"。什么是切、磋、琢、磨？"骨谓之切，象谓之磋，玉谓之琢，石谓之磨"（《尔雅·释器》），这是一个不断打磨的过程，打磨的前提是有兽骨、象牙、玉器和好看的石头作为基础。子贡引用《诗经》这句话，表明虽然自己需要进一步提升，但也有信心，百尺竿头更进一步，我能够追上颜回。这是很得体的一句话，既表达了自己努力的愿望，也不是妄自菲薄。这就是子贡的举一反三，体现出孔门诗教中师生对答之间的默契神会，是很精彩的。

还有一个子夏的例子：

　　子夏问曰："'巧笑倩兮，美目盼兮，素以为绚兮。'何谓也？"子曰："绘事后素。"曰："礼后乎？"子曰："起予者商也！始可与言《诗》已矣。"

　　子夏是孔子晚年的学生，比孔子小好多岁，还是一个青年。他看到《诗经》中描写女孩子的诗句，"巧笑倩兮，美目盼兮，素以为绚兮"，很感兴趣，就问老师："何谓也？"孔子会给他怎样的解答呢？我们先来分析这首诗。

　　"倩"是笑的样子，"巧笑"相对于傻笑，是一种灵巧而不放纵的笑；"美目盼兮"，"盼"是眼光流转的动态，顾盼生姿。马融解释说："倩，笑貌。盼，动目貌。绚，文貌。"毛亨的解释更加朴素："倩，好口辅。盼，黑白分。""好口辅"就是有一个好看的嘴和腮帮子，"黑白分"就是眼睛黑白分明，这体现了一种朴素的唯物主义审美观——古人描绘女子的美貌，先要有一个"质"，也就是要有一个好的底子，才能有美的表情。我们从中可以抽取出一个道理：任何外在的美都要有内在的底色作为基础。

　　因此，孔子的回答是"绘事后素"，"绘"是外在的装饰，"素"是底子，想要有好的装饰，先要有好的底色，想在墙上画出花纹的前提是有一堵白墙，若是"粪土之墙"就画不出来。孔子从中提炼出规律——底色是最重要的，这句话讲的是先天底色和后天修养之间的关系，这也就涉及孔子思想中最根本性的一对命题：仁和礼。在孔子看来，礼是外在的修养和装饰，仁是内心的诚意与真实，如果没有内在"仁"的底子，外在的修养就可能沦为虚伪。子夏懂得孔子的深意，他马上说："礼后乎？"礼在后面，仁在前面，底色最重要，这就是朱熹说的"礼必以忠信为质"。

　　在孔子师生对话中，我们看到一种灵动的诗意，也看到孔门诗教探本溯源、把握根本的文化追求。春秋末年，礼仍然萦绕在生活的方方面面，但已渐渐沦为一种形式主义，丧失了礼的精神。孔子强调仁作为礼的根本，为礼注入内在的精神，鲜明地体现出他对于时代的回应。孔子通过灵动的教育和思考进行着本质性的文化探究，这是非常令人神往的。对于仁和礼的追问，在今天也有启示意义，质和文、内心的情感和外在的规范如何统一，是具有永恒价值的问题。

## 四、孔子教育思想的历史意义

在贵族垄断教育的背景下，孔子通过平民教育吸引、影响了大量士子。"有朋自远方来，不亦乐乎"（《学而》），根据汉人的注释，"朋"指的就是弟子。古人出远门是非常艰难的事情，"适千里者，三月聚粮"。弟子之所以不远千里向孔子求学，一方面因为孔子的德行学问具有感召力，另一方面是因为孔子平民教育给弟子们提供了非常宝贵的教育机会。

孔子在从事教育的同时，亦积极参与政治，但政治世界给孔子带来了各种各样的屈辱和伤害。在孔子之前，没有谁像他这样积极闯荡，虽然有很响亮的名声，但到哪里都是被嘲讽，到哪里都是不得志。"杀夫子者无罪，籍夫子者不禁"，想伤害他的人没有错，想为难他的人也不会被阻拦。孔子周游列国，晚年回到鲁国，对政治已经彻底失望。在那样的时代中，仍然没有放弃自己的努力和追求，他选择了另外的一条途径，那就是教育。

在政治上，孔子是前所未有的失败者，但在教育的世界中，孔子却是前所未有的成功者。我们常说孔子弟子三千，这三千弟子在孔子身后把知识、教育播撒向中华大地，星星之火可以燎原。从春秋到战国，中国历史经历的一个最为本质的变化——教育的普及使平民阶层登上历史舞台。《左传》中春秋 242 年的历史上，登场的平民寥寥无几，我们熟悉的仅有曹刿论战。但到了战国，中国社会实现了某种意义上的阶级突破，这是通过教育所达到的一次平等的跨越。这一历史进程，深刻改变了中国的社会结构，一直影响到今天。

孔子的教育思想与他所追寻的精神，他所提出的生命方向、伦理规则和社会规范，前所未有地影响着中国，塑造着历史，奠定着中国国民性中的基本特质。在这一方面，孔子也是前所未有的成功者。

教育思想是我们理解孔子的一个非常重要的角度。一方面，我们能从中看到孔子在教育中所展现出的生命真实；另一方面，我们能够看到孔子教育中所体现出的仁爱与智慧。最后，我们也能从中深切理解孔子的历史意义与历史贡献。

千雪棠

女，辽宁抚顺人。2000年东北师范大学文学博士，现为北京师范大学文学院教授、博士生导师。著有《〈周易〉与中国上古文学》《先秦两汉文体研究》，两书均获北京市社科理论著作出版基金资助。作为第二作者编著出版有《诗赋词曲读写例话》《中国古典文献学的理论与方法》《中华优秀传统文化读本》等。独立完成国家社科基金一般项目"20世纪《庄子》在英语世界的传播"。

# 《逍遥游》的文学性及相关文本问题

## 一、《逍遥游》的文学性

明代陆西星在《南华真经副墨》中说："意中生意，言外立言，纩中线引，草里蛇眠，云破月映，藕断丝连。"这是说《逍遥游》的特点是观点中又生出观点，很多条线索相互牵引、互相映带。他用的是很有诗意的说法。这些都是准确的，我们现在看到的《逍遥游》文本确实有这些特点。尤其是"意中生意，言外立言"。

阅读《逍遥游》之前，我们要先有一个心理预期，这不是一篇常规的说理文，它的写作方式非常另类，清代林云铭在《庄子因》中评价《逍遥游》，说它"通篇以大字做眼"，通篇都是以"大"为线索，"大"是这篇文章最重要的一个话题。后面林云铭讲《逍遥游》的写作特点，篇中"忽而叙事，忽而引证，忽而譬喻，忽而议论"。

明・仇英 《桃花仙境图》

大家读的时候会有这样的感受，一会儿给你讲个故事，一会儿引出什么东西，一会儿有个比喻，一会儿发一个议论。我上大学时读《逍遥游》，最突出的感觉就是晕。接下来林云铭讲得也很虚："只见云气空濛，顷刻之间，顿成异观。"写得感觉《逍遥游》像一首朦胧诗一样，很难读懂。

清代宣颖的《庄子南华经解》是庄学史上很重要的一部书，而且其中33篇的排序和我们现在通行的排序不太一样。宣颖评价《逍遥游》的文学特点，跟陆西星、林云铭两个人讲得差不多："如春云乍起"，就是一层一层的，层层叠叠的，也是用形象、诗意的语言来描述《逍遥游》的特点。后面他实在找不到更好的词来赞叹了，就说"真古今横绝之文也"，这句话说了三次，可以看出他对《逍遥游》真是推崇备至。他非常详细地评析了《逍遥游》的内容和写作特点。比如说，他讲"先点出小知不及大知，便可收束"。就是读到小知不及大知的时候，觉得已经完了，说得非常完整了。其实把后面砍掉，这就是一篇很完整的文章。这是非常奇特的写作方法，但是如果我们自己这样写论文的话，肯定得不到这样的评价，老师肯定说你逻辑混乱，让你修改。

以上是几个有代表性的对《逍遥游》文学性的一些说法、评价。从整体上看起来，实际上就是说《逍遥游》不好读、不好琢磨，它的思路很怪，与平常的见识不一样。

《逍遥游》的文学性，用一句话来说，就是"谬悠之说，荒唐之言，无端崖之辞"。悠是远、长，荒唐是什么？像曹雪芹说的"满纸荒唐言，一把辛酸泪"，这个"荒唐"是不正经的、不合常理的，这种叫荒唐。我们去查一下字典，荒和唐这两个字最初的意思是什么？荒有大的意思，唐是大言，也有大的意思。荒唐之言就是大言，无端崖之辞也是大言。这个"谬悠之说，荒唐之言，无端崖之辞"，是《庄子》这部书最后一篇《天下》对庄子言说特点的概括。这几句话也只有用来形容《庄子》才恰当，用来形容先秦其他散文都不对，这是《庄子》独有的特点。

换句话说，整个《逍遥游》在我看来就是一篇大言。它的特点，简单说就是夸张的说法。详细说，用比较有学术性的语言来概括，它的文学性体现在：打破说理文的常规，不用通常的思路讲道理。按通常的思路讲道理，给你题目"逍遥游"，我们会怎么想，首先你得破题吧，什么是逍遥，什么是游，得解释概念，然后可能会说有多少种形式的逍遥游，你提倡哪种，还要讲怎样实现逍遥游。我们差不多这样写，当然具体内容会有差别，但逻辑思路大体是这样的。但是我们读《逍遥游》，完全看不到这样的套路。

具体说，《逍遥游》的文学性，用《庄子》书里的话来界定，就是"以寓言为广，以重言为真，以卮言为曼衍"。其中，我认为"以卮言为曼衍"是它最突出的特色。

我们之所以觉得《庄子》有的篇章难读，是因为概念的问题，比如《齐物论》。《逍遥游》是好读的一篇，但也给我们的阅读制造了很多困难。这个困难是怎么产生的？就是我们以为他说的这件事情，他到下一句又跑了，说别的事情去了；我们以为他说了这个话题，应该顺着这个话题往下思考，结果你发现他又跑了，很难抓住他到底要说什么。总是不断地节外生枝，是《庄子》文章的特色，用《庄子》书中的语言概括，就是"卮言曼衍"。

"卮言"是《庄子》特有的一种论说方法。《庄子》的逻辑比较松散、比较隐讳，需要慢慢寻找他按什么逻辑讲到底。你说它没有主题吗？也不能说没有主题，像清代林云铭就总结说《逍遥游》主题是以"大"为字眼，讲的内容都是和大有关系；还有说以游为主题的，内容都跟游有关系。你说它有主题？但又不是顺着主题一层一层论述，而是像一个网一样，有很多散在的论点，最后抓起网是有一个纲，就是文章的主旨。它的这个纲很难抓，你能感觉到有一个纲在，可又不是那么明晰。"卮言曼衍"是《庄子》最突出、最有特点的文学性，有学者以《齐物论》为例分析其卮言的特征，其实，卮言的言说方式在《逍遥游》这篇中也表现得很明显。

《逍遥游》文学性的第二个具体表现，是"以寓言为广"。"寓言为广"，用现在很多文学史的讲法就是：以诗意的方式呈现哲理，诗意与哲理互相交融。通常哲理和诗意是矛盾的，哲理是讲道理的，诗是什么呢？诗是靠形象说话的，主要功能是言志抒情。《庄子》还是要讲哲理的，但不是层层剖析，剥笋一样从理论上辨析，而是讲了很多寓言故事，用寓言的方式来讲哲理。寓言里面有很多比喻和类比，古人就说它"喻中设喻"，比喻里面还套着比喻，这在《逍遥游》里也很突出，基本上不打比方不说话，所以我们理解起来也觉得困难。

《逍遥游》文学性的第三个具体表现是"以重言为真"，是说引用名人名言给自己作证，证明自己的话是真实可信的，不是虚构的，重言是用来证明真实性的。但是《逍遥游》中所引用的材料，其真实性如何？我说，是值得怀疑的"真"。本来他强调真实性，可引用的材料本身，带有虚构性质，其真实性值得怀疑，这里就有一个很诡谲的地方。细读一遍《逍遥游》，边读边理解它以卮言为曼衍、以寓言为广、以重言为真的言说方式，也是其文学性。

## 二、《逍遥游》相关的文本问题

《逍遥游》文章开篇说："北溟有鱼，其名为鲲。鲲之大，不知其几千里也；化而为鸟，其名为鹏。鹏之背，不知其几千里也。"

庄子叙述这个鲲鹏，他讲了三次。再对照一下三次鲲鹏寓言的文字有没有差别，他的用意何在？是不是把不同的版本堆上去就完了？如果把不同版本有关鲲鹏寓言的文字抄下来就算了，那是汇编。如果文字有差异，差异推动了说理的进展就不是汇编，文本就是有意识组织起来的。

第一次叙述鲲鹏，他讲的是鲲化为鹏，化而为鸟，这个鹏非常大，大到突破我们想象的边界。有很多人分析他到底有什么样的意义，比如与古代神话的关系。《山海经·中山经》里讲过一种飞鱼，鱼长了翅膀，是鱼和鸟的结合体，吃了它就不怕打雷，也可以抵御兵器。《山海经》里还有一种鳎鱼，也是长了鸟翼，出入有光，声音像鸳鸯，它一出现就天下大旱。鲲化为鹏的思路是不是与《山海经》有关系？我没考察过。我关注的问题是，鲲鹏这个寓言到底要说什么？如果是第一次阅读，你肯定会被震慑，那么巨大的形象，和现实生活拉开了特别远的距离，不像孟子寓言讲述"拔苗助长"，就是人类做的事情，很亲切。《庄子》里面的寓言离日常生活、日常经验非常遥远，把我们带到另外一个时空。

读《逍遥游》的开篇，我经常会想到好莱坞的一些大片：水里面一个怪兽出来了，晃几晃，就变成另外一个非常巨大的怪兽，很恐怖。《庄子》的第二个英译者翟理思，就把这个"鲲"翻译成利维坦（Leviathan），就是巨鱼巨兽、海上怪兽。我们看一下，第一次讲鲲鹏寓言，讲这个转化，到底要说什么呢？我理解，它表现的是对自我的突破。鲲变形了，变成了一只鸟。它本来是一条鱼，生活在北海里面，要迁到南溟去。按照日常的思路，鱼生活在海里，从北海到南海，游过去就完了，怎么还要很费力地变成鸟，等到海上起大风飞过去，不起大风还飞不了，因为体形太大了。大家有没有想过，没有说鱼从北海游到南海，而是变成一只鸟飞到南方，这意味着什么？我认为是隐含着对自我的突破这层意思。这里有庄子很强烈的超越意识。这种超越意识和儒家的超越意识不一样，儒家的超越意识是在道德上自我完善进行超越，庄子的超越是对自我的突破和超越，突破了什么？突破了自然赋予我们形体上的限制。

为什么这么说？这并不是我突发奇想、异想天开，在《庄子》其他篇目里很多地方都讲到，人所处的时间、所处的空间对我们认识这个世界所构成的局限。比如我们熟悉的《秋水》，秋水时至，百川灌河，两涘渚崖之间不辨牛马，河伯以为天下之美尽在己。这是因为他只看到这么大的空间，所以见识短浅。当他跑到北海去，想法就变了。北海若就教育他，井蛙不可语于海，因为受到空间的限制；夏虫不可以语于冰，因为受到生命时长的限制；一曲之士，不能给他讲大道理，因为受到见识的限制。《庄子》里面很多地方讲到，人受制于时间和空间，也包括受形体的限制。在《逍遥游》里也有，只是这层意思不那么显豁。鲲能飞很远，能飞九万里，但是它也受到形体巨大的限制，要等到海上起大风才能起程。小鸟不需要等大风，但它飞不了多高多远，因为体形小，同样也受到形体的限制。因此，读鲲化为鹏这个寓言的时候，我理解的含义是对自我形体的突破，当然不止于此，对形体的突破，意味着对自我认知世界的有限性的突破。我们对世界的认知是有限的，受制于我们的形体，受制于我们生存的空间，受制于我们生存的时间，所以要超越这些限制，要改变自己的形体，改变了形体，也就改变了生存的空间，改变了认知世界的角度。鱼只能在水里游，变成鸟才能在天上飞。在水里游所能看到的，和在天上飞看到的，自然大不一样。这个思想在《逍遥游》中也有体现。《逍遥游》后半部分，写肩吾与连叔的对话，连叔说："瞽者无以与乎文章之观，聋者无以与乎钟鼓之声。岂唯形骸有聋盲哉？夫知亦有之。"形体功能有缺陷的人，对世界的认知会有缺失，不只形体如此，人的智识也是这样。总之，《逍遥游》第一次叙述鲲化为鹏，说的是认知方面要有所超越、有所突破。

从文学的角度来看，"北溟有鱼，其名为鲲"，刚开始出现的两个字是北溟，北溟就是北海，可如果我们把北溟这两个字换成北海，"北海有鱼，其名为鲲"，脑海出现的形象会不会有变化？我想说的是，"北海"这个词给你的感受是不一样的。溟有幽暗的意思，尽管庄子的"溟"说的是海，但是说到"北溟"，脑海中出现的是一片幽暗、玄溟的海，是有点儿神秘色彩的。北海就没有这个意味，北海很中性，即使脑海中不出现蓝天大海，至少也不是幽暗的感觉，不是幽暗的感觉就没有神秘感，开头的"北溟有鱼"其实很有意思。

再说"卮言"的讲述方式，第一次鲲鹏寓言讲的是转化。第二次的叙述大家看，引了什么？引了《齐谐》，"《齐谐》者，志怪者也"。《谐》之言曰："鹏之徙于南溟也，水击三千里，抟扶摇而上者九万里，去以六月息者也。"引了《齐谐》这么两句话，和本篇开头对鲲化为鹏、奋力飞往南溟的叙述是不一样的。不一样在什么地方？就是不讲鲲了，只讲鹏，而且强调鹏"抟扶摇而上者九万里，去以六月息者也"。这就慢慢增加了一点内容，去以六月息者也，鹏飞到南溟要靠六月海上起大风才行。这个信息隐含着什么呢？它与后面讲的有待无待的问题遥相呼应，埋下了一个伏笔。大鹏要飞到南溟去，要等到六月的大风才能起飞，才能开始它的远行，否则飞不了，风力不够飞不了那么高，所以这和后面有待无待的问题有关。第二次出现《齐谐》，虽然还是叙述鲲鹏的故事，不过，它是接续、补充第一次出现的信息，而不是简单地把不同的叙述拿过来，不是简单地引证。

　　这里除了引用的《齐谐》，还讲什么？"天之苍苍，其正色邪？其远而无所至极邪？其视下也，亦若是则已矣。"《庄子》里面有很多枝节，这一句就是插进来的枝节。如果我们把这句删掉的话，一点不影响文章的意思。这里说到大鹏飞到天上去，作者突然想到，人站在地上往天上望，看到天色苍苍，那我们看到的颜色是天空本来的颜色吗？天空是不是无边无际，没有边界的？大鹏往下看，应当和我们向上看天空一样。"正色"这句话隐藏着一个哲学问题。

　　这个哲学问题《齐物论》里面讲了，就是人类觉得王嫱和西施很美，用沉鱼落雁来形容她们，但是在《齐物论》的作者看来，鸟看见王嫱就飞远了，鱼也躲到水里面去了，鱼和鸟觉得她们美吗？所以，到底什么是正色，什么是真正的颜色，到底什么是美，不同的人有不同的看法。我们看到的世界表相，就是它真正的样子吗？"天之苍苍，其正色邪"，实际上隐含这样的话题，我们能否认知世界的真实样貌。在这个地方我们能看出怎么叫"卮言曼衍"。我们看天是青苍色，那么我们看到天的那个苍苍就是天本来的颜色吗？那么大鹏从天上往下看，看到我们的人间是不是我们人间本来的样子呢？这几句是卮言，它冒出来一个哲理思考。就是前面说的，庄子给你讲故事，讲鲲化为鹏，鹏飞上九万里的高空，然后，突然冒出来几句议论，突发奇想有一些很神奇的思考。战国时代人们对宇宙有非常突出的探究精神。另外一个很典型的例子就是屈原写的《天问》，提出从历史到宇宙时空很多问题。

　　两次叙述鲲鹏之后，后面又讲什么呢？文章说："且夫水之积也不厚，则其负大舟也无力。"然后又讲到了杯水芥舟的寓言，这又是一个比喻了。比喻什么呢？一杯水倒在堂上的一个小坑里面，一个小草棍可以像舟一样，在里面游来游去。草棍在水里面浮动，就好像大风托着鹏要高飞一样。大鹏要飞那么远，得依靠很大的风力才可以。如果是一个草棍的话，我们一杯水就可以让它飘浮起来，这两个是类比。

接下来又出现什么呢？出现了蜩和学鸠。篇中会不断出现新的人物、新的事物，它不是顺着一条线索一直往下讲。就好像我们看电影，不是说出来一个男主角，又出来一个女主角，然后讲这两个人怎么样了。它不是这样一直顺着讲，而是出来一个男主角，又出来一个女主角，然后两个人说了一段话下场了，又上来一批人，换了一帮人，又开始在那儿演，演了一通又下场了。第二场与第一场有没有关系呢，隐隐约约有点关系。然后第三场又上来另外一批人。我们看庄子《逍遥游》里面，出现了多少个意象，就能真切感受到文学史评论它"意象纷呈"确实没有讲错，这是它非常突出的特点。当然，这个特点也可以统摄在"卮言曼衍"之下。

《逍遥游》里不断出现新的事物，不断出现新的话题。蜩和学鸠出来质疑大鹏：你要飞那么高有什么意义呢？我飞不了那么高，连榆枋有的时候还到不了，我就落下来了。你飞到九万里那么高，要干什么呢？这里隐含一个话题，就是大鹏飞那么远有什么用？这就和后面的话题又连上了，后面的话题讲什么呢？讲庄子和惠子的对话。惠子说他有一个大瓠，太大了没有用，瓠落无所容，说把它剖成瓢的话，用来盛水，其坚不能自举。没有办法，惠子就干脆把它打碎了。庄子说你真是死脑筋，你为什么不把它系在腰上，在江湖里面游？《逍遥游》最后一段，惠子又跟庄子讲大樗，其大本臃肿而不中绳墨，其小枝卷曲，也是没有用，虽然大，但没有用。回到蜩和学鸠对大鹏的质问，"奚以之九万里而南为"，你飞那么远跑到南方去，有什么用？这样一个话题，就与文章后面惠子和庄子辩论的大有用无用是有联系的，只是大鹏这个是空间上的远，大樗那个是形体上的大。前面我引陆西星评价《逍遥游》说"草里蛇眠"，草蛇灰线，就是这样。它的线索不是非常明晰，但是前面出现了的事物、隐含的问题，与后面又有牵连，它是这样一种写法。

第二次叙述大鹏之后，叙述杯水芥舟，叙述蜩与学鸠的质疑之后，加了一个结论性的句子："小知不及大知，小年不及大年。"我们读到这里觉得这故事讲完了，这个意思也讲得很完整了，文章可以结束。但实际上它还没结束呢，又开始讲小年大年的问题。

前面讲的小知大知与蜩、学鸠和大鹏的外形有关系，与形体的大小有关系，由形体的大小引出小知大知的问题，实际上还是说人受限于所处的时空，受限于人本来的生理特性。后面讲了什么呢？讲朝菌不知晦朔，蟪蛄不知春秋；讲溟灵、大椿、彭祖。讲朝菌不知晦朔，蟪蛄不知春秋，还是讲人的局限性。它是比喻人的局限性，不是讲人的，朝菌不知晦朔，因为它的生命太短了；蟪蛄不知春秋，它的生命比朝菌稍微长一点，也是很短。所以它们受生命的有限性限制，很多事情是不知道的，不能认知的。然后讲这个溟灵大椿，溟灵的生命很长了吧，以五百岁为春、五百岁为秋，大椿以八千岁为春、八千岁为秋。所以它后面总结说："而彭祖乃今以久特闻，众人匹之，不亦悲乎？"就是说人们觉得彭祖活了八百岁，寿命已经很长了，实际上比八百岁长的有很多。需要注意的是，庄子并不是要肯定溟灵大椿而否定彭祖，他真正要说的是人们见识的局限性，只知道活了八百岁的彭祖，却不知道寿命更长的溟灵大椿。

我们觉得文章到这里可以结束了，但庄子又接着讲，可又不讲有限性了，而是第三次出现了鲲鹏的寓言。第三次讲鲲鹏寓言，是通过汤问棘来讲的。这时鲲和鹏又出现了，但这里鲲是鲲、鹏是鹏，它俩没啥关系，没有鲲化为鹏的细节了。鲲化为鹏，只在文章开头出现过。这里又冒出一个斥鷃，它也质疑鹏飞九万里干什么，然后作者直接归结出一个观点："此小大之辩也。"鲲鹏寓言第三次出现，文字与前面还是有点差别。文章形容鹏"背若泰山，翼若垂天之云"，这个背若泰山是前面两次没有的。鹏每次出现，都有一些新的内容。这个新的内容让鹏的形象越来越清晰，这就好像国画的画法，先画出一个大概，然后一层一层地皴染，让景物富有层次。

三次对大鹏的描述，要研究什么问题呢？有没有人想过，《逍遥游》可能不是由同一个人写的？先秦时代的很多子书，都不是作者自己写的。这个早有定论，章学诚，还有像文献学家余嘉锡，都特别提出过，说先秦的子书都不是作者自己写的。而且先秦那些书，比如说《庄子》，我们看到 33 篇，并不是庄子写了 33 篇然后编订成书，哪篇是庄子自己写的，哪篇是他学生写的，搞不清楚。就某一篇而言，哪些文字是庄子写的，哪些是他的学生写的，哪些是编者删改移易的，也不知道。所以《庄子》的文本特别复杂。就鲲鹏寓言三次出现的情况而言，我觉得至少从开头到"此小大之辩也"为止，应该是同一个人的手笔。为什么这么说？因为鲲鹏虽然出现了三次，但是它每一次都加进去一些内容，然后再引申出下一个话题，是出于有意识的安排，不是简单的罗列。

庄子第三次叙述鲲鹏的时候，目的是要讲小大之辩，小和大的区别，小和大的不同。以这段为例就能看得很清楚，就是庄子总是横生枝节，他有一个主题，但他不开宗明义，而是讲了很多枝枝丫丫的，旁逸斜出，最后才归结到一个话题上来。讲了这么多，最后说是小大之辩，他要讲大和小的区别。实际上看到后来我们又会发现，他讲大和小的区别，但是叙述中我们又会领悟到，大和小有共同的地方，不论大小，都有各自的局限性，而这点是不是他本来要讲的意思呢？真的不好说。

那么大和小的问题和紧接着所说的观点有没有关联？我觉得没有关系。庄子讲完小大之辩，后面的观点是什么？是"至人无己，神人无功，圣人无名"，它被很多人看作《逍遥游》的中心论点。这个"三无"和前面的小大之辩有什么关系呢？

从论述的形式上看，确实有关系。在讲完"此小大之辩也"一句话之后，紧接着说"故夫知效一官、行比一乡、德合一君、而徵一国者，其自视也亦若此矣"，意思是说在人世间，也有人与蜩、学鸠、斥鹦等小鸟一样，固守着对自我的认知，见识禁锢在"小"里，不能理解"大"。这就与前面的论述联系起来了。然后，又举宋荣子、列子以及"乘天地之正、御六气之辩，以游无穷"者。宋荣子已经不错了，已经到了一个境界了，但是"犹未树"也。接着提到列子，列子能够御风而行，"旬有五日而后返，泠然善也"，很好了，但还是不行。那么比他们都高的境界是什么呢？就是能够游于无穷的人。这几位的境界逐层升高，在人生境界上有小大之别。

可是，从观点内在的逻辑性上看，作者举宋荣子、列子、游无穷者，虽然是承前面"小大之辩"而言的，可是作者的用意并不在辨小大，最后归结的论点是"至人无己，神人无功，圣人无名"。这个观点与小大之辩论述的问题不在同一个方向上。无己、无功、无名，讲的是处世哲学，也可以说是修身之道，而小大之辩谈论的是小年大年、小知大知，说的是对世界及自我的认知问题。在我看来，文章开头到"此小大之辩也"是独立的一部分，而"三无"及有待无待，是另外一个话题。

无待者"游于无穷"，这是《逍遥游》中第一次出现"游"字，文章已经写了一半儿了，到这儿才出现一个游字。可能有人会

明·仇英《南华秋水图》

说，大鹏从北溟飞到南溟，不是一次远游吗？我说，不是。第一，庄子没明确说那是游，他只是说"海运则将徙于南溟"，他用的词是"徙"，迁徙。第二，徙和游是不一样的。游，具有自由的意味，而徙不是。游，是无目的性的，我们常说漫游，游于无穷，也是没有一个确切的目的地。徙，有明确的目的地，是长途跋涉，鹏就是要到南溟去。说到游，我们感觉轻松；说到徙，我们会觉得辛苦。所以，我认为，大鹏从北溟徙于南溟，是不能被视为游的。大鹏要借助六月的海上大风才能起程，是有所待的，也不逍遥。

后来很多分析说，《逍遥游》的主题就是无待，没有任何凭借，不依赖任何外界条件，无待就能实现逍遥游。怎么样做到无待呢？就是无己、无功、无名。放弃对功名的追求，也忘掉自己的存在，这样你就能够进入逍遥游的境界了。但是我们细读原文，并没有这样说啊。原文除了题目，正文中就没有"逍遥游"这个词。原文只是说游于无穷的人是无所待的，没说游于无穷的人是逍遥的，也没说游于无穷就是逍遥游。那"逍遥"这个词在哪儿出现的呢？在最后一段，结尾的时候才出现。在原文中，逍遥和游没直接发生关联，二者是分开说的。我们讲到最后一段时还要再说这个问题。

我们看"故夫知效一官"这一段，它的落脚点是"至人无己、神人无功、圣人无名"，后面两段就接着这个观点讲下去。但它的解说顺序，是从后往前说，先说圣人无名再说神人无功。按照这样一个逻辑，还得说一个至人无己，对不对？但事实上我们又找不到至人无己这一段了。我们看前两段故事，尧让天下于许由，又开始用比喻，把许由比喻成日月，而把自己比喻成小火把，说你都那么亮了我这儿小火把还点着干吗呢，说你就像大雨一样，大雨已经降下来了，我还在这儿辛辛苦苦的灌田干什么呢，有你在就不需要我了嘛，所以要把天下让给许由。许由就辞让，他的辞让里又用了比喻。他说鹪鹩巢于森林，不过一枝，小鸟在森林里面做窝，就占那么一点点地方嘛；偃鼠饮河，不过满腹，河水再多，我一个小鼠，喝饱自己的小肚子就可以了。然后还讲了越俎代庖的故事，说你尧治理天下治得挺好的，我去替代你干什么，我不越权行事。你看，他用了三件事来表明自己不接受的态度。这个故事讲的是无名。许由说："吾将为名乎？名者，实之宾也。"就是说他不追求名。

接下来是肩吾和连叔的一段对话。肩吾跟连叔说，接舆这个人，说话大而无当、往而不返。接舆是有名的楚国狂人，什么是大而无当？就是他说的话特别夸张，在现实生活中找不到对应的事物，无法验证，这个叫大而无当。他说的具体什么内容大而不当呢？就是对藐姑射山神人的描述。这位神人"乘云气，御飞龙，游于四海之外"，根本就不在乎治理天下，治理天下很辛苦，他不干。后面还写了"尧往见四子于藐姑射之山，汾水之阳，窅然丧其天下"，这位神人不仅自己不治理天下，还把别人也带得忘掉天下。这段讲的是神人无功，就是神人不以治理天下为事，不以我们世俗之人所追求的价值为价值，不追求功业。这段第二次出现了"游"这个词，写的是神人之游。

我们看，尧让天下于许由一段，庄子论述的是圣人无名；肩吾问于连叔一段，讲的是神人无功，接下来他应该说至人无己了，对吧？但是后来庄子讲了什么呢？是惠子和庄子的两段对话，对话中没谈至人无己。那这里就有一个文本方面的问题，是不是本来有一段话讲至人无己的，后来在流传的过程当中亡佚了？或者本来有，但不知被谁删掉了？就是说，《逍遥游》有佚文？还是说，它本来就是这样的？是完整的没有丢失的，没有什么佚文，作者最开始就是这么写的，就没写那一段。那这样的安排，有何用意？这些问题，我们现在都搞不清楚，因为资料有限。不过，蒋伯潜在《诸子通考》一书中，曾提出过一个观点：他根据古注，认为《齐物论》篇中提到的啮缺和王倪的问答，以及《应帝王》篇提到的王倪、啮缺和蒲衣子三个人的事，就是说明"至人无己"的，应当在《逍遥游》中。我认为这两段对话，讲的不是至人无己。但是，他也是认为《逍遥游》文本有问题，他的解答思路是本来是有一段文字解说"至人无己"的，被后代的注释者移易到《庄子》其他篇里了。

《逍遥游》最后是两段对话，庄子与惠子的对话。惠子是庄子的好朋友，他不是寓言人物，是真实存在的历史人物。惠子的著作很多，《庄子》最后一篇《天下》说惠子"其书五车"，著作非常丰富，但是特别不幸，流传下来的只有二十来个命题，还是《庄子》书里记载的。惠子是一个名家学者，用我们今天的话说他有很多逻辑学方面的知识。

惠子跟庄子说什么呢？说他有一个大瓠，里面又套了一个寓言，讽刺宋人。我们可以看到宋人在战国诸子中总是被讽刺的对象。庄子《逍遥游》里面就出现了两次，都是很傻的。第一次傻呢，是擅于做护手霜之类的，然后人家把药方买去就得了很多钱，他就卖了一点点钱算了。第二次讽刺宋人，是说宋人"资章甫而适诸越，越人断发文身，无所用之"，他跑到那个不戴帽子的地方去卖帽子，不是傻吗？为什么宋国人总是受到讽刺呢？我顺便说两句，宋国是谁建立的呢？微子。微子是殷商旧族，他姓子。商人的文化和周人的文化是不一样的。最突出的一个就是周人是嫡长子继承制，正妻生的第一个儿子来继承王位的；宋人是怎么样呢？大家看《左传》，宋国人是兄死弟及，哥哥死了弟弟继承王位。宋国在文化方面有很多地方和周人不一样，所以大家就觉得他们是异类，就讽刺他们。

我们看一下庄子和惠子的对话，惠子说他有大瓠，无所用之，最后把它打碎了。这个讨论的是什么问题呢？讲的是"大"有没有用。前面我们在讲鲲鹏寓言第三次出现的时候说过，斥鷃质疑大鹏"奚以之九万里而南为"，提出的问题与庄子和惠子的两段对话有关联。在最后一段惠子说大樗没有用，庄子的回答提到了狸狌和犛牛，狸狌是小动物，卑身而伏在那儿等着，结果被人抓住了，死于网罟。犛牛很大，像垂天之云，不能执鼠，但是它有它的用处。这个用处是什么呢？文章中没明说。但与狸狌相对照着看，从上下文语境中看，犛牛与大樗是一类的，就是它因其大而无用，反而能保全自己的性命。最后这段，依然是在讲大有什么用，如何用大。它和"至人无己"没什么关系，那么，在尧让天下于许由、肩吾问于连叔两段之后，在申说完圣人无名、神人无功之后，文章中确实是没有进一步解说"至人无己"的文字。按照文章的脉络，这两段对话又从无名、无功、无己这条线索上岔出来了。

最后这两段讨论的问题，和"至人无己、神人无功、圣人无名"没有关系，那和什么有关系呢？和前面讲的小大之辩有关系，但又不是顺着同一个思路讲的。"小大之辩"是讲大和小的区别，讲我们对这个世界认知的局限性，庄惠对话探讨的则是大有没有用的问题，而不是大和小的区别在哪里。

那么，庄子为什么要讨论大有没有用的问题呢？请各位注意一下惠子对庄子的批评。惠子说："今子之言大而无用，众所同去也。"认为庄子说的话夸张虚诞，大家都不相信，不信庄子那套。这句话可能我们通常都不太在意，我们会在意大瓠、大樗，因为那些形象特别突出。大家感兴趣的话，可以再看庄子的《人间世》那篇，还有《山木》篇，都出现了大树没有用的意象。我们通常思考的问题是，整篇《逍遥游》到底写的是什么？它的主题是什么？到底什么样算是逍遥游？但是，我们可能没想过另外一个问题，庄子写这样一篇文章的出发点是什么，是在什么背景下写的这篇文章呢？

我觉得庄子写《逍遥游》有一个目的，就是为自己的大言做辩护。惠子的说法代表一些人的批评，认为庄子的话"大而无用，众所同去也"，都是些大话，没有人信。所以，他的文章才会讲小大之辩，讲认知的局限性，讲大有没有用，他讲小大之辩，更多的也是在为大做辩护，高、远、大，有何用，如何用？这也就从不同角度为自己的大言做了辩护。在我看来，这至少是庄子写《逍遥游》这篇文章的出发点之一。

具体说，庄子是怎么反驳别人对他的批评的呢？他不仅仅探讨大鹏飞得那么高、那么远有没有意义，这个大弧到底怎么用，还探讨了大言有没有用。关于大言有没有用，表达得比较隐蔽。《逍遥游》两次说到大言。第一次是肩吾问于连叔，说接舆之言"大而无当，往而不返"，他"以是狂而不信也"。第二次惠子批评庄子说的话是"大而无用"。连叔是怎么评说接舆的大言的呢？他说："瞽者无以与乎文章之观，聋者无以与乎钟鼓之声。岂唯形骸有聋盲哉？夫知亦有之！"接舆说的话不能被人理解，是因为众人的智识有缺陷，就像瞽者与聋者在形体功能上有缺陷，所以对外界的认知受到限制一样。因此，《逍遥游》后面讲的有没有用，不是一般意义上探讨具体什么东西有没有用，他探讨的是大有没有用，如何用大。探讨大弧、大樗有没有用，是比喻，最终的落脚点是大言有没有用，应当如何去理解大言。

大家再注意一下最后一段话："今子有大树，患其无用，何不树之于无何有之乡，广莫之野，彷徨乎无为其侧，逍遥乎寝卧其下。"终于我们见到"逍遥"这两字了，这是全文唯一一次出现的，在结尾的时候才出现。那么，我们看，《逍遥游》是在篇末点明主旨，指向逍遥吗？我觉得不是。后面说："不知斤斧，物无害者，无所可用，安所困苦哉？"他说的中心是大樗。从人的角度考虑，你觉得这棵大树没有用，你不能把它砍来做桌子，也不能做椅子。但是从大樗的角度来说，它反而能保全自己的生命。对人类来说大樗是没有用的，但是对它自身来说有特别大的用处。我们看，《逍遥游》结尾冒出了另外一个保生全生的话题，这个话题是由大樗有没有用，如何用引申出来的，关注点还是在大有何用、如何用大上，并非指向逍遥，逍遥只是捎带着提出来的，不是重点。

到此为止，我们把《逍遥游》整篇文章分析完了，里面有好几个小的论点，讲述了好几个问题，这些问题之间有些是有关联的，比如从大小出发，讲认识的局限性，讲大有没有用，这些是有关联的。但是像讲有待无待，其实和鲲鹏的那个神话的关联是特别松散的，联系不那么紧密。尤其文章中间那部分，讲"至人无己、神人无功、圣人无名"，我觉得更是跟小大之辩没有关系。

所以，我觉得这篇文章有可能是庄子本人，或者是他学生，或者是后来的编辑者，把两篇不同主题的东西捏在一起的。一个是小大之辩，大言有没有用也可以纳入这里来；另一个是"圣人无名，神人无功，至人无己"。这就是我想说的《庄子》的文学性和《庄子》的文本问题。它有可能是两篇不同主题的文章，整合在一起。因为它本来是由两个不同的主题整合而成的，所以我们读起来会觉得它东一下子西一下子的，他一会儿讲这个一会儿讲那个。其特殊的文本形成过程部分地造就了其文学性。当然，我们都是用崇拜的眼光看《庄子》文章的。可是如果我们换个角度看它，深究一下这篇文章是怎么形成的，我们得出的结论可能就不一样了。

尽管如此，《庄子》的特点还是非常突出的，尽管它有可能是两个不同的主题，一个是"无名、无功、无己"主题，一个是小大之辩的主题，捏在一起的，但是它每个主题相对来说是完整的，每个主题的内部还横生枝节，这个特点是非常突出的。

另外，我们看《逍遥游》的主题，是讲逍遥游吗？全文两次说到游，一次是超越宋荣子和列子的人，"游于无穷"，一次是藐姑射山神人"游于四海之外"。一次说到逍遥，就是结尾处"逍遥乎寝卧其下"。这个"逍遥"，我刚才说了，是作者捎带着提出来的。本来惠子说大樗没有用，庄子就说应当怎么用它，为什么不把它放到无何有之乡，然后你就在它旁边转悠，优游自在。这是顺便提出来的逍遥，作者之意不在逍遥，说的是如何用大。两次讲游，"游无穷者"具体是谁，文中没说，是泛指的，"游于四海之外"的是藐姑射山神人，主体都不是凡世之人。但结尾讲的"逍遥"，其主体是凡世之人，这点确切无疑。游和逍遥在文中是分开讲的，其主体不同，是两回事，是两个不同的概念。游是一个重点，但逍遥不是。"游"是《庄子》中一个很突出的核心概念，但"逍遥"不是。最晚从魏晋时期开始，学者大多热衷于探讨"逍遥"的含义，这样就把"逍遥"变成了《庄子》的一个核心概念。

而且，从词语出现的数量上我们就可以感受到其重要程度，比如我们统计《论语》，说孔子的核心思想是什么？你得看《论语》出现多少次"仁"？109次。出现多少次"礼"呢？40多次。二者在数量上是有差异的，所以，我们说"仁"是孔子的核心概念。同理，在《庄子》整本书里面，"逍遥"出现了多少次呢？8次。"游"出现了多少次呢？90多次。"逍遥"不是核心概念，"游"才是核心概念。当然这个也不是我一个人这么说的，之前也有很多人讲。比如说，宋末元初的刘辰翁，他说《庄子》一部书专说游，明末的钱澄之也说庄之学尽于游。我不仅觉得"逍遥"不是《庄子》的核心概念，我还认为《逍遥游》的主旨讲的不是逍遥。

非常详细地解读文本，我认为文本与题目不一致。分析文本时我们看到它讲的是对自身形体局限的突破，如鲲化为鹏；讲到小大之辩，讲到各种局限性，讲到有待和无待，讲到"三无"，讲到大有用没用，讲到大言有用没用，如何用大的问题，这些是逍遥游吗？都不是。

既然内容不是逍遥游，那么题目为什么叫逍遥游呢？因为这个题目可能根本就不是庄子自己拟的，这跟《庄子》这本书的成书方式有关系。先秦的子书，最初是单篇流行的，一篇篇文章写出来，就跟我们现在到处发论文一样，后来才由作者自己或他人收集编订，成书流传。《庄子》一书不是庄子本人编的，这点学界早有定论。那么，题目的拟定，就有几种情况。作者自拟，一直流传，没有改动；作者自拟，流传过程中被改动过；作者没有拟定篇题，文章最初流传时就没有题目，后人给加了一个。后两种情况，都有可能导致题目与内容不一致。

那么，《庄子》一书各篇的篇题是谁拟定的呢？任继愈先生在20世纪60年代发表过一篇论文，叫《庄子探源》，他提出《庄子》内篇是汉代编辑的，内七篇从篇名到内容，都有汉代宗教神学方术的特色，内七篇的标题和汉代纬书的标题很像。我认为这个观点很有道理。任先生在论文中举例说，《庄子》第五篇《德充符》，举了很多奇形怪状的人物，作为德行充实的验证，就是"符"。纬书书名中有很多"验""征"之类的字，"符"也是这类的意思。大家有没有注意过，内七篇的篇题与外杂篇篇题的命名方式很不一样，外杂篇是从文章中取两个字或三个字定为篇名，与文章主题有的有关系，大多数没关系。但内篇篇题都是整齐的三个字，都标明篇义。任继愈先生没说《庄子》在汉代的具体编者是谁，后来张恒寿先生在《庄子新探》一书中提出，内七篇篇题是淮南王刘安及其门客加上去的，崔大华先生认为是刘向拟定的。当然，也有学者认为，内七篇的篇题就是庄子自己定的，比如唐君毅和刘笑敢两位先生就持这种观点。我总体上倾向于篇题并非庄子自定。正因为如此，所以，才会产生篇题所揭示的题旨与文本正文不甚相符的情形。再说一次，逍遥游的主旨并非逍遥，而是两个，一是小大之辩，另一个是无名、无功、无己。

程苏东

　　男，江苏东台人。北京语言大学文学学士（2007.7）、北京大学文学博士（2011.3），现任北京大学中国语言文学系副教授。主要从事汉唐经学史、经学文献学、先秦两汉文学、写钞本文化研究，在《中国社会科学》《"中央研究院"历史语言研究所集刊》等学术刊物发表论文四十余篇，著有《从六艺到十三经——以经目演变为中心》，主持多项国家社科基金、教育部人文社科基金，曾获首届教育部博士研究生学术新人奖、北京市优秀博士学位论文奖。

# 诡辞以见义
## ——《太史公自序》的书写策略

　　尽管私家著述之风在战国中后期已然开启，但在秦汉帝国的文化制度与舆论氛围中，私人书写仍然是一种颇具风险而易招谤的行为，更何况是对于"国史"的书写。司马迁将如何运用其书写策略塑造《史记》的文化价值，他又是从何处借鉴这种书写方式的呢？

　　当我们用"书写策略"这样一个词的时候，很显然表明了跟我们传统认识不太一样的看法。一般来说我们更多地讲书写艺术或者艺术特色，这样讲就隐含了一种立场上的判断，也就是说我们一定要把它看作是一种非常好的、典范式的、值得后面的人来学习的一种书写的方式。书写策略相对来说好像是平等的态度。《太史公自序》已经是一个非常经典性的文本了，这里面传达了司马迁非常多的内心想法，司马迁希望让我们知道他为什么要写《史记》这本书，他在写《史记》这本书的时候，曾经面临着什么样的困境，最终他希望我们在这本书里面得到什么。

很有意思的地方在于司马迁不是直接告诉我们这些内容，他用了一些故事、一些对于早期文本的改写，有时候甚至是一些在今天看起来不是那么实事求是的材料来间接告诉我们，所以我称之为"诡辞"，这个当然不是我提出来的，是由复旦大学的老系主任李笠先生提出来的。

当然，"诡辞"这个词现在听起来不是一个好词，看起来好像有点说谎的意思。但是我们把它放在司马迁那个时代，放在从战国到汉初的那个时代，也许我们能得到一些不同的东西。

我们讨论这个话题，是从《太史公自序》这段我们再熟悉不过的材料开始的。这段材料大家非常熟悉，即便高中没有读过《太史公自序》，但是都学过司马迁一篇很重要的文章《报任安书》，这段材料看起来应该是司马迁自己非常得意、他也很看重的一篇文字，所以他同时在《报任安书》和《太史公自序》中都谈到，他说："七年而太史公遭李陵之祸，幽于缧绁。乃喟然而叹曰：'是余之罪也夫。是余之罪也夫！身毁不用矣！'退而深惟曰：'夫《诗》《书》隐约者，欲隧其志之思也。昔西伯拘羑里，演《周易》；孔子厄陈、蔡，作《春秋》；屈原放逐，著《离骚》；左丘失明，厥有《国语》；孙子膑脚，而论兵法；不韦迁蜀，世传《吕览》；韩非囚秦，《说难》《孤愤》；《诗》三百篇，大抵贤圣发愤之所为作也。'"

这段文字相信大家都很熟悉，但是只要对《诗经》《楚辞》《孙子兵法》《吕氏春秋》《韩非子》这些文本有一个基本的了解

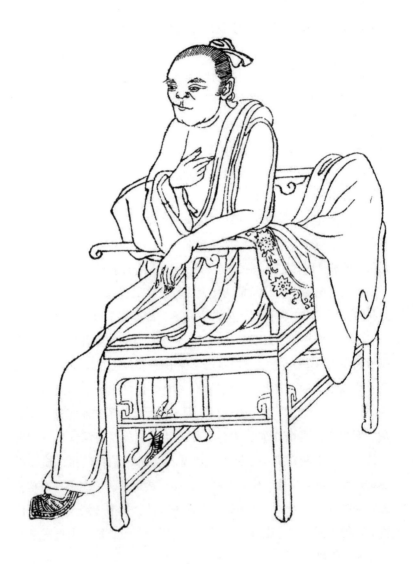

《晚笑堂画传》司马迁像

的话，马上就能很敏锐地发现当中的一些问题：很奇怪，这些内容跟司马迁的其他文本，比如说《孔子世家》、吕不韦的列传、韩非的列传里面的背景都不一样。比如说我们可以看到关于孔子作《春秋》的问题，这里面讲是"孔子厄陈、蔡，作《春秋》"，孔子厄陈、蔡是孔子在中年时期的一段遭遇，他在陈蔡这个地方受困，当时战国文献里面围绕这一段经历有很多的说法，大致是说孔子被困在这儿大概一个星期左右的时间，而且饭也吃不上。这段经历对于孔子来说很重要。不过司马迁说"厄陈、蔡，作《春秋》"，好像是说孔子是在这个时间点上做了《春秋》这本书，但是我们看在《孔子世家》里面，司马迁在整个描述孔子厄陈、蔡这段故事的时候，从来没有提到他有作《春秋》的事情。

而作《春秋》的时间点在《孔子世家》里面也非常明确：鲁哀公十四年，这一年距离孔子厄陈、蔡已经过去了相当长的一段时间了。这种说法当然不是司马迁提出来的，是在春秋时已经提出来的。在哀公十四年发生了一个很特别的事情，就是"西狩获麟"。突然发现了一个异兽，这个异兽大家都不认识，就去问孔子，孔子很博学，一看就说这是麒麟。但是孔子觉得很奇怪，麒麟应该是有王者才出现，可是现在天下大乱，哪有王者，所以这个异兽就在这样一个乱世当中出现了。

实际上孔子就觉得好像天道也有点混乱了。人间的秩序混乱也就算了，怎么天道也混乱了，一个麒麟突然在乱世里面出现了。所以他有一个判断叫"吾道穷矣"，在这样一种精神状态之下，我们看到司马迁说孔子说了一段话，"弗乎！弗乎！君子病没世而名不称焉，吾道不行矣，吾何以自见于后世哉？乃因史记作《春秋》"。

《史记·孔子世家》将作《春秋》放在这个时间点，但是在自序里面说厄于陈、蔡作《春秋》，这是第一条。

对于第一条也许我们有的同学会说司马迁的意思是说厄陈、蔡，这只是他生命当中的一个经历，并不一定是说一定在厄陈、蔡的时候才作了《春秋》，也可能是先在陈、蔡受厄，然后他心里面始终有一种想法，若干年以后他作《春秋》。

我们也可以这么说，那再看下面这则材料："不韦迁蜀，世传《吕览》。"我们都知道吕不韦晚年的时候在宫廷斗争当中失败了，失势了，他就到南方的蜀地去了。这是他晚年的一段经历。关于《吕览》也就是《吕氏春秋》，我们可以看到司马迁在吕不韦的列传里面很明确地描述了《吕氏春秋》创作的背景，是在庄襄王继位三年以后，吕不韦为相国，他发现秦国政治、经济、军事都很强大，但是有一个短板，那是什么呢？就是我们今天讲的缺乏文化软实力。

天下人都知道齐国、鲁国、燕赵有大的学者，有名著，秦国却一本都没有。因为吕不韦已经明确地感觉到秦将来要统治天下，作为一个将要统治天下的政权，却没有与之相称的文化地位，这是不行的，所以他要做这个事情。我们都知道有一个很有名的成语叫作"一字千金"，就是由此而来。吕不韦招揽很多的食客，然后集论以为八览、六论、十二纪二十余万言，这就是所谓的"备天地万物古今之事"。

所以吕不韦这个书是一部很有野心的书，我们可以看到它整个的设计：八览对应八方、六论对应六合、十二纪对应一年的十二个月。整个篇章的设计非常有象征感，在时间、空间层面上要包揽人间乃至宇宙间所有的知识。秦人不仅仅要统治一个伟大的疆域，还要统治人类所有的知识。所以这个书叫作《吕氏春秋》，置于咸阳门外。

所以这个时间点很明确，也就是说实际上吕不韦作《吕览》，应该在他迁蜀之前。但是司马迁把它倒过来了，他说不韦迁蜀，世传《吕览》，时间关系是反置的。

同样的"韩非囚秦，《说难》《孤愤》"，这个字面意思很明确，韩非因于秦留下了两部重要的名著，《说难》篇和《孤愤》篇。但是在《老子韩非列传》里面，司马迁同样也提到了其中的一本书叫作《孤愤》，他说："人获传其书至秦，秦王见《孤愤》《五蠹》之书。"也就是说各国都知道韩非。那么韩非是哪个国家的？他是韩国的公子。结果他的书已经越过国界，传到秦国去了，所以秦王看到他的《孤愤》和《五蠹》篇，就感叹说："寡人得见此人，与之游，死不恨矣。"李斯曰："此韩非之所著书也。"于是"秦乃急攻韩，韩王始不用非，及急，乃遣非使秦，秦王悦之，未信用"。当然韩非囚秦的故事大家都知道，跟李斯有关系是一种说法。不管怎么样，我们可以明确的是先有了《说难》，后才有入秦、囚秦，所以这个时间关系也是被反置了。

以今天的眼光来看的话，这种叙述方式是不合理的。我们都讲《史记》是一部史书，史书应该实录，要如实地来叙述历史，可是在整个《史记》关键的一篇纲领性的文章《太史公自序》中怎么会出现这样的一种很特别的写法呢？在自序里面都不能够如实地书写历史的话，我们究竟怎么面对这本书呢？

当然《太史公自序》给我们带来的困惑不止于此。比如说《太史公自序》，顾名思义自序应该是用第一人称来写，但是大家如果读过《太史公自序》的话，就会发现全文是以第三人称，不是第一人称写的。在里面除了引文的地方是"吾"以外，整个文本是用第三人称的方式来写的。文中的主人公叫作太史公，太史公这个说法也很奇怪。如果我们了解一点近代的学术史就知道，王国维、钱穆，很多学者都讨论过这个问题，在汉代真正职官的名字叫作太史令。

将太史令称为太史公很显然就有尊崇的意思，因为将"令"称之为"公"，这当然是一个美称。自己尊重自己，自己把自己的位置抬得比他实际的位置还要高一点。而且也有学者提到，说司马迁最后写这个自序的时候已经遭受了宫刑，他已经不能再担任外官了，他担任的是中书令。

所以这个时候实际上他的身份不是太史令，但是他始终在文章里面不提中书令，只讲太史公，比太史令名位更高一点。所以苏东坡也好，包括后来清代很重要的一个大学者、散文家，叫作方苞，他们就说这篇文章的作者大概不是司马迁。因为按照我们今天的观念的话，一个人说自己的时候，照理说应该谦虚一点，怎么会有一个人写文章，抬高自己的地位？因为司马谈和司马迁都担任太史令，所以有学者说文章里面的太史公不是司马迁写自己的，是他写他父亲的。因为他尊重他父亲所以给他父亲一个比较好听的名号叫作太史公，文中出现的所有"太史公曰"，包括《太史公自序》提到的太史公，不是司马迁自己写的，是后人妄补的，那补的人是谁呢？有很多的说法，有的人说是他的外孙杨恽，也有的人说是后来补《史记》的一个叫作褚少孙的人。大家说这不会是司马迁自己的做法，因为跟我们今天的观点不相合。

实际上更重要的一点就是司马迁在《太史公自序》文本里不断强调他们这个家族是"世典周史"，是世代担任史官的，所以这个常常给我们造成一种误解，就是说司马迁为什么要写这本书。

有同学讲是子承父业，或者是究天人之际。实际上他的文本里面不断强调写史书有一个很重要的原因就是自己的官职。司马迁担任太史令，他觉得自己就有责任、义务来写一部史书。这个说法迷惑了很多人，比如说迷惑了唐代一个很重要的史学家叫作刘知几，刘知几就认为司马迁写《史记》没什么可讨论的，因为他做太史令，这是他的职责。

但是实际上近代以来很多学者都发现一个问题，就是在整个西汉的政府里面，根本没有专门负责载写国史的机构。到东汉的时候，有人因为私造国史被抓起来。在整个《汉书》和《史记》里面，所有涉及太史令这个职务的相关材料大概有六条。

第一条在《汉书·律历志》里面，在武帝元封七年的时候，太中大夫公孙卿、壶遂。壶遂这个人大家都是知道的，很重要，他会出现在《太史公自序》当中，他和司马迁曾经同事过，皇帝有一个诏令，就诏卿、遂、迁与侍郎尊、大典星射姓等议造《汉历》等。

很显然这个时候司马迁是以太史令的身份参与到指定新历的工作中，这个立法后来被称之为太初历，这是第一条。

第二条，我们可以看到在后二十七年、元封三年，太史令张寿王，他在司马迁后面又做太史令，《汉书》里面说，"历者天地之大纪，上帝所为；传黄帝《调律历》汉元年以来用之。今阴阳不调，宜更历之过也"。这就是在说要改历法的问题。太初时间虽然已经定了历法，但是我们都知道历法不及时调整的话过一段时间就会出现岁差的现象。

第三条仍然是在讨论历法的问题，见于《汉书·郊祀志》，说"明年天子郊雍"。雍这个地方是在秦汉时期非常重要的一个地方，在这个地方常常举行郊天的仪式。诏令里面说，"今上帝朕亲郊，而后土无祀，则礼不达也"。在雍这个地方行郊天礼，郊天礼相当于我们今天在天坛祭天。

但是汉武帝他对礼法很感兴趣，他就说我祭了天，但是后土（后土就是地祇）没有被祭祀，这个是不对的。那么"太史令谈"是谁呢？就是司马谈，以及祀官宽舒等，大家就商量怎么来制定一个对于祭祀的具体的理解。所以我们读到这个材料就能够理解这一条。

《太史公自序》里面司马谈的父亲为什么会去世？

因为汉武帝行封禅礼，司马谈没有被列到随扈的名单里面去，"太史公发愤且卒"，气性很大，生气，就去世了。看到这里我们就觉得太史公气性怎么这么大，没去，少一桩差事也没什么。但是司马谈对于封禅看得非常重，因为是接千岁之统，他认为这是整个汉代最有标志性的一个时刻。而我们从这个材料就可以看到，他的本职工作就应该参与国家礼乐祭祀的相关工作。

所以他觉得应该是我去做这个事情，结果现在皇帝不让我去，那他当然就会觉得好像被冷落了。至于皇帝为什么不让他去，大家有兴趣可以看《史记》的《封禅书》，包括《汉书·郊祀志》都有交代。

第四条，至成帝时，诏光禄大夫刘向校经传诸子诗赋，步兵校尉任宏校兵书，太史令尹咸校数术，侍医李柱国校方技。这是在《汉书·艺文志》里面的一段材料，这个材料大家都很熟悉，讲的是在西汉后期一次很重要的宫廷校书的活动，通过这次校书产生了刘向的《别录》、刘歆的《七略》，以及后来的《汉书·艺文志》。这也是我们今天所知道的最早的一次以官方名义对既有图书知识进行一个系统性的分类的活动。

早期的图书被分成六大类，后来又演变为四部的分类法，都是从这样一个系统流传下来的，所以这个事情很重要。在这个事情当中我们看到，有一个人物叫作太史令尹咸，这个人在经学史上也很重要，他负责校数术书，数术是一些什么样的书？说白了就是有一些神秘色彩的。他主要是负责预测一些未知的事情，比如说预测天气，里面有一本书就相当于我们今天的天气预报，叫《别成子望军气》，两军作战之前看军气。另外，还有根据天上五大行星的运转来推测人间的事情，所以这部分文本看起来跟太史令的职务关系应该很密切，太史令所负责的职务大概是跟观测天象来进行占测相关。

第五条材料，同样见于《汉书·艺文志》，里面讲到有一本书叫作《博学》，说"《博学》七章者，太史令胡毋敬所作也"，那么从这个材料里面我们可以知道，有一个叫作胡毋敬的人也担任太史令，他编了一本书叫作《博学》，这是一本字书，类似于我们今天字典、词典这样的一个文本，那么在这里面好像有校定文字写法的用意在里面。所以从这则材料中我们知道太史令大概也跟书写有一些关系。

最后一条材料在《汉书·王莽传》里面，故左将军公孙禄征来与议，禄曰："太史令宗宣典星历，候气变。"这条材料最直接地描述了太史令的本职工作是典星历、候气变。典就是司职的意思，司职星象、历算，观测星象，通过对于星象、天象的观测来制定历法，因为制定历法要有一个标准，这个标准就是根据星象的变化。

同时，所谓"候气变"，这个"气"当然是早期的一个特有的概念，它带有某种实用性的意义在里面。比如说我们刚才讲的军气、云气，我们今天感受不到，但是汉人却觉得是最重要的、最根本性的，能引起整个宇宙各种各样的人事也好、自然也好，方方面面的变化的东西。

就所有的材料内容看起来，太史令这个职务跟我们后来所理解的著史、写史书有没有关系？其实没有什么关系，核心的工作实际上我们都知道。在《太史公自序》里面司马谈除了讲到他们家族世典周史以外，还有一句话说他们家世守天官。天官才是太史令真正的本职工作。所以在《史记》的八书里面有一篇叫作《天官书》。

《天官书》里面司马迁讲我就是天官，我和我的父亲都是天官，我们这一家族是天官的家族。

这样看起来，《太史公书》这样一个文本不是因为司马迁担任了太史令这样一个职务，才写的这篇文章。这是一个业余的个人化的书写，那么这就变得有意思。首先我们知道，在早期特别是在战国到汉初的时期，个人化的书写虽然已经出现，但实际上并没有特别的广泛。

特别是司马迁要写的这个个人性的文本还不是我们当时理解的所谓百家语或者诸子的这种学说。实际上他写的是一个从古以来的整个国家的历史。所以这样的一本书，要占用他的业余时间，而且看起来没有任何的现实收益，甚至因为写这个东西，他会招来别人的质疑。因为你要写国史，什么样的人能够写国史？《孟子》里面讲到说"春秋者天子之事也"，谁才有权去写国家的历史？天子。王者才有权写历史，所以孔子作《春秋》都说："知我者，其惟《春秋》乎！罪我者，其惟《春秋》。"这里孔子战战兢兢，意思说，照理这部书不应该由我来写，是因为王者之迹熄，王者他不做这个事情我才来做这个事情。现在司马迁也要做这个事情，而且他比孔子还要厉害，孔子才写 242 年历史，他要写什么？他要写一个通史，来塑造整个国家的历史。已经不仅仅是国家的历史，实际上是一个文明的历史。所以这个背后，我们可以想象到他承受非常多的压力和质疑，这个其实就是《太史公自序》在前面那一大段的叙述要完成的工作，就是要来告诉我们他究竟为什么要写这个东西，他写这个东西的合理性在什么地方。最基本的就是你们要容许我写，我写这个东西是有我的原因的。他需要有一些他能够被当时的人接受的理由，这些理由就是他在《太史公自序》里面要逐一交代给我们的。

整个《太史公自序》分两个大的部分，后面是目录的部分。他介绍了写每一篇文章的缘由，这个写法很明显是模仿《尚书序》。如果有时间去看战国时期流传下来的百篇《尚书序》，就可以看到它那个体例形制，跟司马迁的《太史公自序》是完全一样的。所以后面这一部分是一个目录。

前面那一部分的文章从"昔在颛顼"，一直到我们一开始读的那一段，实际上是用什么顺序把整个文章串联起来的？时间顺序，这个设计其实在我们今天看起来是非常精巧的，因为后面我们会发现司马迁讲了四个理由，这四个理由互相之间其实是有矛盾的，不是说我们今天写文章这样一二三四，它是平行的，是互相补充、互相支撑。到后面我们把这个材料看完大家可以体会到，司马迁讲的四个理由互相之间其实有敌我、有矛盾，甚至有的是不能够同时成立的。

怎么样能够把这些理由在一个文本里面同时呈现出来？司马迁的方法是用时间的顺序，用了时间顺序也就表明人是可以变的。早期的"我"，后来的"我"，以及到最后遭受了宫刑的"我"，每一次"我"的想法都不一样。在他写《太史公自序》的那个时间点上，他心里面都有，但是没办法把这些放在同一个时空环境下来讲。他采用一种看起来是时间顺序的描写方式，从早期他父亲跟他讲述他家族的早期历史来进入整个文章的主体，我们可以从一些材料看出来。

第一段材料，从"昔在颛顼"，到"谈为太史公"，交代的是什么？是司马氏的家族传统，类似于是他的家谱。这个东西在后来很多的学者看起来都有点奇怪。比如说我们看书都看到很多人写序言，有没有看到说有人写序的时候，一开始先从黄帝讲起？

这个写法是什么样的写法？是序的写法吗？不像是序的写法，

更像什么写法？像传的写法。所以有很多学者认为，司马迁写《太史公自序》有点小私心，什么小私心呢？因为司马迁给那么多人做了传记，30 个世家 70 个列传，实际上涉及的传主还不止 70 这个数，因为有很多合传，这么多人都写了传，到最后自己没写出来，自己的父亲也没写传，为什么不为他的父亲写个传呢？原因实际上我们都知道，他的父亲达不到列传的层次。《史记》中的传都是地位很高、在各个领域里具有代表性的人。

有学者就说，司马迁表面上写序，其实就有点家传的意思在里面，把自己的东西也放到里面，就有一个家族传统了。确实，在班固写《汉书》的时候好像就是这样。班固的《汉书》后面也有一个叙传，他的叙传也一样把他父亲班彪写的文章都放到里面来了，俨然就是一篇人物传记。那是不是就是这么简单呢？

首先这个材料实际上可以分成两个大的部分。第一个部分的家族传统实际上是很早的，一下子就说到颛顼的时候了，非常的古老。而后面的都是特别具体的，五代以内的。那么我们可以想司马迁在写这个材料的时候，写这个文字的时候，他依据的材料是什么？

他这两个材料中间有一个非常大的时间上的空白。往上追溯，司马迁的父亲叫司马谈，司马谈的父亲叫司马喜，司马喜担任五大夫，五大夫的父亲，也就是司马谈的祖父、司马迁的曾祖，叫作司马无泽，他担任的职务是市长，这个市长不是我们今天的市长，主要是负责与贸易相关的一些事情，一个比较低级的职务。再往上就到了司马昌，司马昌是主铁官，负责冶铸相关事务的。再往上他的父亲没有写，他的祖父是司马靳，司马靳后来参与长平之战，回来之后赐死葬于杜邮。

司马靳跟着白起打仗。再往前他的父亲也没有，但是有他的祖父叫司马错，《芈月传》里面就有司马错，司马错是个将军。司马错再往前就追不到一个具体的人物了。

这里又别出来另外一支，不是他自己本宗的这一支，这一支里面也有几个比较有代表性的人物。有一个在赵国的武者，看起来是兵家的一个人。为什么会讲到他呢？关键是要讲到他的玄孙司马卬，因为大家读《汉书》《史记》都知道，司马卬曾经一度在楚汉之际做了王。是在离司马迁比较近的时代里面整个司马家族最显赫的一个人，他后来归顺了汉朝。他家族早期的传统，司马迁手上是没有材料的。那么前面这个东西哪里来的呢？从《国语》这样的书上来的。这就说明一个很有趣的现象，司马迁反复在文章里强调他这个家族世典周史，应该是一个非常注重历史书写的家族，但是实际上这个家族连自己的早期历史都没有。而且我们看真正离他比较近的这些家族的祖先所担任的职务：主铁官、市长、五大夫，没有一个是跟书写、跟著作相关的。

司马迁要像他的父亲那样强调他的家族世典周史，使之成为他著《史记》非常重要的一个理由，那这时候他就需要从他的家族传统里面找到一个真正能够落实这个所谓"世典周史"的这么一个东西。他在文章称司马氏"世典周史"，但是司马氏"世典周史"不能从他家族比较近的、材料都很确凿的传统里面得到一个落实。

这句话没有见于任何其他的材料，是司马谈说的。他把他接在了前面这个材料后面，那势必就要求前面这个材料能够体现司马氏世典周史。这个材料实际上来自《国语》，它所处的文本的环境是在楚国，楚国的昭王问到他身边的一个大臣叫作观射父，他说《周书》所谓"重、黎实使天地不通者，何也"。

观射父马上就回答昭王说"非此之谓也"。下面这个材料很长，简单的意思就是说早期社会的时候，天上的神和民间、民神无杂，就是互相之间是不相混杂的。

在人间有一些很特别的人内心很专一、很精纯，那么这些人就成为这里面提到的巫这个群体，不是说谁都能够跟天对话，谁在家里面摆个祭台就可以跟天对话。一定要通过这些专门的神职人员，他们才有办法去跟天沟通。

可是后来呢，少昊之乱，九黎乱德。南方来的这些人不一样，民神芜杂，导致出现了各种各样的混乱。这种混乱一直到我们看到《太史公自序》一开始的材料，"颛顼受之，乃命南正重司天以属神，命火正黎司地以属民，使复旧常，无相侵渎，是谓绝地天通"。也就是说颛顼做的一个重要的事情是要把所有的跟神相关的事务，跟与人间相关的事务区分开，用我们后来的概念讲就是要做一个政教分离的工作。

有的人负责神务，有的人负责民间的事情，做一个区分。可是呢，"三苗复九黎之德"，结果南方的三苗一次作乱以后，整个环境又混乱了，又民神杂糅了。到了尧，又到了一个关键节点上，"尧复育重黎之后不忘旧典者，使复典之，以至于夏商，故重黎民世叙天地而别其分主者也"。从这个材料看，区分民与神是整个华夏民族的一个很重要的传统，从早期一直到颛顼，到尧和舜。南方所代表的就好像是蛮夷的传统，他们就不把民、神做区分，所以这就是他们的混乱。

看这个材料就能体会到，观射父强调的核心问题实际上是司天的事情跟司民的事情要分开。所以我们看这个材料里面有一些很关键的词语，比如前面讲的叫作"各司其序，不相乱也"，各管各的事情。后面一句话叫作互相之间不要扰乱对方，最后都是强调把天和民分开。这段材料中间这一部分，被司马迁放到自己的文本里了。他为什么用这个材料呢？是因为观射父在讲完这句话以后又说了一个问题，他说"其在周，程伯休甫其后也。当周宣王时，失其守而为司马氏"，也就是说司马迁对于自己家族早期传统的一个知识，是从《国语》这样的公共性的文本里面来的。

照理说一个家族早期传统应该是哪里来？家族内部来的，不是。汉初的时候，司马迁或者说司马氏家族对于自己真正的，比如说经历春秋一直到战国的历史能不能说得很清楚了？说不太清楚，这跟我们今天一样，你往前追溯，一般来说也就追溯个三五代、五六代，再往前也搞不清楚了，你哪儿来的你也搞不清楚，所以早期历史他搞不清楚，他的知识来源跟我们看到的居然是一样，就是从这样一个文本里面来的。

在这里面提到这个所谓的司马氏，不过为什么提到司马氏呢，是因为后面他说，这个家族"宠神其祖以取威于民，曰：重实上天、黎实下地，遭世之乱，而莫之能御也"，也就是说这里面提到的司马氏的形象是"宠神其祖，以取威于民"，为了在民间得到威信，就把自己的祖先说得神乎其神。

这个材料实际上看起来，并不是一个褒义的，而且这个材料的性质本身也不是一个谱牒性的东西。以司马迁非常敏锐的对于史料来源的分辨意识来说，这个材料实际上不是一个理想的史料。但是好像也没有别的材料可用，所以只能把这个材料拿过来用。把这个材料拿过来用的时候实际上就面临一个问题了：在这个材料里面他关键性地讲到"尧复育重、黎之后"，重、黎也就是说重氏和黎氏，一个是司天的，一个是司民的，那么这两个家族传统的后代，照理说应该是各有一支的，很显然不是同一个人群，应该是两个人群，而且这两个人群实际上管理的事务、拥有的知识系统都是完全分离的，所以司马迁应该是谁的后代呢？

按照他讲的他们家世典周史、世守天官，他就应该是重的后代。但实际上在这个材料里面我们没办法看出来司马迁究竟是谁的后代，很有趣。在西晋时有一个史学家叫作司马彪，也姓司马，他就说我们司马氏是黎氏的后代；同时另外有一个史学家叫作干宝，他也有这样的说法。

按照这个说法的话就怪了，如果是黎的后代，司马迁讲的他所谓家里面世典周史也好、世守天官也罢，就不能成立了。在这个文本里面我们看到从"昔在颛顼"开始，尧复用重黎之后，不忘旧者，重黎之后使复典之，以至于夏商，这里是"至于夏商，故重、黎氏世序天地，"。然后这句话跳过去，直接接到"其在周，程伯休甫其后也。当宣王时，失其守而为司马氏"。

有一个什么样的信息被刻意地回避了、模糊化了、特别强调区分的信息没有了。大家再去看《史记·历书》，也用到这条材料，照理说读了这个材料的人都有一个印象，就是只有重是天官，黎不是天官。但是大家去看司马迁写的《史记·历书》，他在讲到天官传统的时候，并举重和黎，他说重、黎都是天官。

把两套材料结合起来就有一种感觉，司马迁好像要把这两个家族的传统混同起来。有一个看法就是司马迁知道他是黎的后代，但是这个事实不利于他去塑造他世典周史、世守天官的家族传统，所以他就有意地把这个信息混同来说，这样就显得我们都是重、黎的后代。

这个说法我个人是不太能接受的。我们可以看到，司马迁所能够得到的，所有的关于司马氏跟重黎关系的信息都来自这个问题。在汉代的时候已经没有更多的材料来显示司马氏究竟是重的后代还是黎的后代。所以我的一个感觉是，司马迁并不知道他是重的后代还是黎的后代，但是他已经意识到了一个问题：他是谁的后代这个问题是重要的，因为你要是说不清楚是谁的后代，那怎么去塑造他世守天官的这个传统？因为知道这句话是会吸引读者去追问他的家族究竟来自哪个家族，所以在把这条材料放到自己文本的时候，司马迁就把这两条信息隐去了，避免你去问，反正我们就是重、黎后代。他那个说法我们如果按照古文里面的读法的话，重黎之后好像整个是一个大的群体，他们负责天地相关的事务，反正我们是他们的后代。

这是一个非常小的细节，不过在后面的文本里面司马迁不断地在谈这个话题，司马迁认为"我们"这个家族世守天官、世典周史，所以如果"我"手头看到那么多的书而不去写《史记》，就对不起家族传统了，因为这个家族传统是从颛顼之世就已经开始的。司马迁在不断地给我们塑造一个印象，因为担任这个职务，而且是一个很古老的家族就担任这个职务，那么他必须要去做这样一个事情。

司马迁为什么在文本里面，不用太史令，而且不用第一人称，还要把这个太史令往高了说？这个做法其实不是从司马迁开始的，我们可以看到在《左传》当中有一个说话的人的身份叫君子。好像是这个编撰的人在说话，比如说就是左丘明在说，但是，那我们都知道君子实际上也是什么？是一种美称，一般称别人为君子，自己说我是君子，那就有点奇怪。所以《左传》也是以第三人称来说话。

因为最早的时候书写都是在宫廷里面展开的，没有一个个人化的书写。个人化的书写是慢慢开始出现的，特别是到了战国时，战国的人认为一个突破性的个人性的书写是从孔子作《春秋》开始。孔子作《春秋》开始了一个所谓个人性的书写，但是这个事情很快就发生了一个微妙的变化。到了汉代的时候出现一种说法：孔子能够作《春秋》是因为孔子的身份是圣人，所以圣人才有作的权利，一般的人没有作的权利。在这样一种话语的压力之下，孔子说过一句很有名的话，叫作"述而不作"，不主张作。在这样一种情况下我们感受到，《太史公自序》始终用"太史公书""太史公曰"这样的说法，在文章里面不断地讲太史公，把这个文本塑造成一个公共性的文本，看起来像一个官书，是以太史令的职务写的，这样看起来的话就不是私人的东西了，他的合法性就可以得到落实。这是我们可以看到的第一条。

讲完前面那一段，我们后面就会知道这个家族的传统就是司马谈刻意灌输给他的儿子司马迁的，也就是说这个家族是一个世典周史的家族，所以既然是一个家族传统，而且现在又都担任了太史令这样一个职务，我们从《自序》里面可以知道，司马迁担任太史令这个职务，就是他的父亲对他提出了一个期待，"我死，汝必为太史令"。我们以前看这个材料觉得好像是说他继承他父亲的职务，实际上汉代根本没有世袭制。因为在司马谈看来，做这个官之后写官书就有了合法性，这是我们刚才看到的第一条。

第二条。司马谈临终之前的这段嘱托也很有意思，他谈到了另外一个话题："且夫孝，始于事亲，中于事君，终于立身。扬名于后世以显父母，此孝之大者。"这个也很正常，一个父亲感觉到自己大概要去世了，所以在跟孩子嘱托的时候，先谈到孝的问题，意思是说司马迁你要做一个孝顺的孩子。这个材料，是当时所有的人知识结构里面都有的东西，是《孝经》里面的材料。《孝经》里面第一段就讲到，子曰："夫孝，德之本也，教之所由生也。复坐，吾语汝。身体发肤，受之父母，不敢毁伤，孝之始也。立身行道，扬名于后世，以显父母，孝之终也。"就是孝有一个始终，它的始就是要爱惜自己的身体，因为这是父母给的，终就是要立身行道，能够成为一个独立的、有主体性人格的人，然后让你自己以及你父母的名声得以显扬。这句话被他放到了后面"扬名于后世，以显父母"。然后《孝经》又说："夫孝，始于事亲，中于事君，终于立身。"明显这是引用了《孝经》里面的那句话。

下面就接着说："夫天下称诵周公，言其能论歌文武之德，宣周召之风，达太王、王季之思虑，爰及公刘，以尊后稷也。"后面这段材料就有点意思了，一开始在讲孝的话题，接着就举出一个代表性的人物周公，认为周公是孝的典范。早期中国传统当中有名的孝子的形象，大家能想到有谁？有人讲孟子，还有谁？早期的，更早一些，舜对吧？舜是最典型的形象。"父顽、母嚚、象傲。克谐以孝，烝烝乂，不格奸。"舜的家里面环境很恶劣，但是舜一方面向上求善，同时还能够约束他的父亲，所以我们可以看到在《孟子》以及很多的文本里面，舜是第一号的孝子形象，而且舜本身又是圣王。《论语》里面提到孔子的弟子里面也有孝的典范：曾子。大家看《大戴礼记》，包括《孝经》这一篇就是孔子跟曾子之间的对话，所以曾子也是孝的典范。如果我们现在说周公是孝的典范，谁能够给我讲一个周公孝顺的故事？周公他怎么就变成一个孝子了？而且是天下称颂周公，以至于我们说起孝的时候就要说到是周公孝。关于周公我们能够想到的最有名的故事是周公吐哺，那是讲他好贤才。还有什么故事？《金縢篇》里说周公的兄长武王生病了，周公愿意用他自己的生命来替代他的兄长。这个能叫作孝吗？严格意义上来讲好像不算孝，这个算是悌。用这个事情来称颂周公为一个孝子好像有点牵强。但是总要有一个原因，为什么周公是所谓孝的典范？其实跟他前面这段话关系很密切，因为在《孝经》里面塑造的那个至孝的形象不是舜，是周公。这个跟《孝经》自身文本的表达的诉求是有关系的。读了《孝经》之后你会发现它很有意思，是要打破我们传统的对于孝的一个认知。传统理解一个人的孝那是在家庭环境里面讲孝，但是《孝经》不是，《孝经》要做的就是要把孝推到整个社会上面去，它把孝的内核大大地扩充，自天子至于庶人，事亲只是孝的开始而已，这是一个入门级的，事君也是孝，立身也是孝。很显然，《孝经》将我们一般所说的对于孝的理解大大地扩充了。《孝经》里面讲道："天地之行性，人为贵。人之行，莫大于孝。孝莫大于严父，严父莫大于配天。"这几句话就是说最大的孝就是严父，这个严是尊严，就是让他的父亲享受无上的尊严，怎么样让他的父亲享受无上的尊严呢？天是最高大的，他的父亲能配天这不就获得了最大的尊荣吗？怎么样让自己的父亲配天呢？只有周公做到了这一条，因为周公制礼。周公制礼的时候"郊祀后稷以配天，宗祀文王于明堂，以配上帝"。周公制定的这个礼法很特别，要祭祀天，普通的人和天之间需要一个中介，这个中介能够跟天说话，中介就是我们家族早期的祖先，因为我们家族的祖先跟我之间能沟通，古人祭祀时祖先只接受自己家族后代的祭品，所以我们家族的祖先跟我可以沟通，同时我们家族的祖先因为已经在天上了，所以他就可以跟天来沟通。在设计这个祭祀的时候，无论是郊天礼还是祭祀上帝的礼都要有中介的这个环节，这个中介的环节就是后稷和文王，就是他们家族的祖先。基于这一点，《孝经》里面才说周公是天下之至孝，文王因为周公制定了这样一个祭祀的方式，所以得以配天了，谁也不能跟他相比。所以周公成为一个孝子典范，得到了合法性，这个说法同时见于《礼记》。

　　司马迁的这段话，实际上是司马谈的，他说"夫天下称诵周公，言其能论歌文武之德，宣周召之风"，我们现在读了《孝经》，这句话明显是接着《孝经》说的，我们当然就能在这个范围里面理解了。当然他也可能会讲到周公，但是下面的这几句话就是跟《孝经》不太一样，他说："言其能论歌文武之德，宣周召之风，达太王王季之思虑，爰及公刘，以尊后稷。"这里面有一句话我们觉得很奇怪，叫作宣"周召之风"。这里的周和召指的是什么？周公和召公，那就是说周公之所以受到称颂是因为周公能宣扬周公之德，这什么意思呢？当我们今天讲所谓周公之德、召公之德的时候，大家第一个能够想到的是辅佐之功，但是哪个文本能够告诉我们，让我们一下子想到所谓"周召之风"这么一个东西——《诗经》，对吧？《诗经》里面的二南，《周南》和《召南》。沿着这个思路我们再去看后面他所提出的这些很特别的人物：太王、王季、公刘、后稷。我们在哪里能够知道公刘？《诗经》。我们可以看另外一个材料：郑玄的《诗谱序》。在《诗谱序》里面也讲周人的历史，我们注意这里面的一些关键性的人物，他说："周自后稷，播种百谷，黎民阻饥，兹时乃粒，自传于此名也，陶唐之末，中叶公刘，亦世修其业，以明民共财，至于太王王季，克堪顾天，文武之德，光熙前绪，以集大命于厥身，遂为天下父母，使民有政有居，其时诗，风有周南召南，雅有鹿鸣文王之属，及成王，周公致太平，制礼作乐，而有颂声兴焉，盛之至也，本之繇此风雅而来，故皆录之，谓之诗之正经。"读了这个材料之后可以注意到，司马谈所说的那个传统，从后稷到文王到太王到王季再到所谓的这个周召之风，再到后面的这个周公，这个传统是《诗经》的。这里面所列的这些人物在《诗经》里面都有出现，他所讲的这个不是在随便列举，这些人物都是在《诗经》里面才能得到一个贯彻的。读到这我们就能够理解，司马谈所说的一个所谓孝子的周公，跟《孝经》里面这个所谓孝子的周公，他的孝德体现的方面很显然是不一样的。在《孝经》里面周公的孝德体现在礼乐制度的建立，特别是通过礼乐制度的建立，尊严其父；而在司马谈的语境里面，周公的孝德体现为什么？在汉人的观念里面，周公参与了诗的编定，他制礼作乐的"乐"就包括了《诗经》雅颂中的部分篇章。

如此我们便能理解司马谈为什么在临终之前跟他的儿子谈起孝的时候会突然谈到周公，他要跟司马迁说通过著述的方式成为孝子。因为周公就是编了《诗》，使得所有的文武之德、周召之风、王季、太王之思以及后稷都能够流传下来。这样对于司马迁来说他就获得了书写《史记》的第二个重要的理由，他的父亲已经告诉他通过著述可以成为一个孝子。这种说法在以前没有提到，没有人觉得说写书跟孝有什么关系，但是在这个里面司马谈很巧妙地改变了《孝经》中周公的孝德。实际上他当然要依托于《孝经》，因为如果没有《孝经》这个文本，谁也不会认可周公是一个孝子。但是实际上他把《孝经》里面孝的内涵做了一种转移，很微妙的，这样就把著述跟致孝、成为孝子勾连起来，司马迁就获得了第二个著述的理由。

第三点，司马谈那段话说完了以后话锋马上就转了。那段话我们看起来是非常有趣的，先是讲了孝的问题，当然这些话都是通过司马迁非常精细的书写让我们所得到的。所以这些话究竟有多少是司马谈的，有多少是经过了司马迁的改写或者加以条理化的，我们都不知道。但是就看这个材料，在前面"以尊后稷也"之后，他又开始讲："幽厉之后，王道缺，礼乐衰，孔子修弊起废，论《诗》《书》，作《春秋》，则学者至今则之。"这句话接在刚才那段话以后我们就可以理解了，也就是说周公通过《诗》的编定成为孝子。下面突然又讲到孔子了，但是在讲孔子的时候好像又偏离了孝的话题，而是另外一个话题：王道缺，礼乐衰。孔子就修弊起废，编书，以后"学者至今则之"，我们今天学的六艺之学都是孔子提供的。他说"自获麟以来，四百有余岁而诸侯相兼，史记放绝"，最后落实到没人再作"史记"这个事情。意思就是说你要来做这个事情，他在说你要来做这个事情的时候，提到了一个很特别的时间点，他说"自获麟以来，四百有余岁"。那我们就要来算一下，其实鲁哀公十四年就是公元前481年，司马谈说这句话的时间点在《太史公自序》里面明确交代了，就是他临终的时候，那就是在公元前110年，一算应该是多少年？371年，371年为什么说400年？有人讲司马谈数学不好，但是司马谈是做什么工作的？他是做历算工作的，数学怎么可能不好呢？可能他临死之前糊涂了，可是我们看司马迁说："先人有言曰，自周公卒五百岁而有孔子，孔子卒后至于今五百岁。"我们可以算算，从孔子去世，到司马迁说这句话的年代，也就是太初元年，公元前104年，之间应该是375年，375年为什么说500年？很显然，前面说400多年好像是让我们心里面过渡一下，一下子说500年接受不了，父亲说400多年到我这就500多年，但实际上是300多年。那大家就能够体会到，这里面的这个500年，实际上是非常有象征性的一个东西。大家去看《史记·天官书》，里面讲得很清楚：三十年一小变，百年一中变，五百年一大变。这个时候我们马上又想起来在《孟子》的《尽心篇》最后他讲到500年。所以我们能够体会到，司马迁在最后提到500岁的时候，不是数学意义上的简单的一个数字，500年意味一个什么问题？是一个圣统的问题。就是说隔了这么多年，具体是不是五百年不重要，但是"我"觉得到了要像孔子接续周公那样的一个时刻，这个时刻、这个重任落在谁的肩上？"有能绍明世，正《易传》，继《春秋》，本《诗》《书》《礼》《乐》之际。"这个重任就是落在自己的身上了。这里面就有第三个问题，司马迁作《史记》，作《太史公书》要想接续什么？接续圣统。接续圣统是这么容易的吗？

　　司马迁说，"我"的父亲已经跟"我"说了这个话了，"意在斯乎"，让"我"做这个事情，"小子何敢让焉"？我就不敢让，我就要来有志于接续这个所谓的五百年。

马上就出来一个人物，叫作上大夫壶遂，壶遂就开始问他一个很特别的问题，这个问题有一个陷阱在里面，我们到后面就会知道。他说："昔孔子何为而作《春秋》？"现在既然你要继《春秋》，"绍明世，正《易传》，继《春秋》"，要继《春秋》了，那我就问他为什么要继《春秋》，这就像一道考研题一样，问孔子为什么作《春秋》。下面司马迁的答案特别标准，一会儿你去看《春秋繁露》，或者汉代的很多经传里面都是这么说的，这里面很多话都是当时就已经引用了。司马迁就开始答题了，说的这些话都是我们都非常熟悉的，就比如说他说孔子为什么要作《春秋》呢，是因为"言之不用，道之不行，是非二百四十二年之中"，他要干吗？"上明三王之道，下辨人事之纪，别嫌疑，明是非，定犹豫，善善恶恶，贤贤贱不肖，存亡国，继绝世，补敝起废，王道之大者也。"这就是标准答案。下面还接着讲，"《春秋》文成数万，其指数千，万物之聚散皆在《春秋》"，《春秋》之中讲了很多，对吧？这都是《春秋繁露·俞序篇》里面都说过的一些话。我们往下看，壶遂很冷静，这些答案壶遂都知道，前面这一段是虚晃一下，下面就真正地开始进入交流了。壶遂说，就着你的话说，"孔子之时，上无明君，下不得任用，故作《春秋》，垂空文以断礼义，当一王之法。今夫子上遇明天子，下得守职，万事既具，咸各序其宜，夫子所论，欲以何明？"这个问题，实际上在说，按照你的说法我们现在难道是"上无明主"吗？我们难道是乱世了吗？我们现在等着你来"当一王之法"吗？而且，所谓"当一王之法"，如果有一些经学方面的知识就会知道，《春秋》作新王，就要把旧王推翻掉，作新王。所以说孔子作《春秋》相当于是革命，孔子不承认原来的那个周了。难道我们今天是到了这个地步了吗？我们已经没有明天子了吗？

对于《史记》，有很多学者都指出，司马迁对于包括汉代早期的君主，乃至于到汉武帝，是有非议的。最典型的包括汉高祖。高祖那么光辉的人，怎么能把项羽跟高祖并列呢？所以有很多人都觉得司马迁好像对汉朝，不是说完全就是歌颂，有一些他自己的个人的看法。而且确实是，在西汉初期的时候，一个深受儒家影响的知识人，对于现实的政治是批判性的，这个就是儒学所塑造的一个知识分子的形象，要对现实有所批判，要敢于"贤贤贱不肖"，甚至敢于像刚才这里面讲的"贬天子"。但是司马迁能在文章里面说我现在要贬天子吗？后来的一些故事，说司马迁所做《孝景本纪》，跟后来的《今上本纪》，汉武帝看了之后很生气，《今上本纪》就被毁掉了，汉武帝觉得你凭什么来说我的问题，你是谁呀？

这个问题问出来以后司马迁怎么样？刚才那个洋洋洒洒答得很高兴的样子，一下子变成了"唯唯，否否"，他又重新说了。"余闻之先人曰：伏羲至纯厚，作《易》八卦。尧舜之盛，《尚书》载之，礼乐作焉。汤武之隆，诗人歌之。《春秋》采善贬恶，推三代之德，褒周室，非独刺讥而已也。"下面讲了很多，我们大汉怎么怎么好。"获符瑞，封禅，改正朔，易服色，受命于穆清"，然后"余所谓述故事，整齐其世传，非所谓作也，而君比之于《春秋》，谬矣"。

我们读到后面这段话，觉得司马迁是不是记性不好？这个"君比之于《春秋》"，是谁把自己的工作跟《春秋》联系起来的？是在提问之前对不对？是谁说出来"继《春秋》"的话？是司马迁自己说出来的，怎么到了后面又说是你壶遂把它比作《春秋》了，还说你"谬矣"。然后一开始"唯唯，否否"，大家可以想象那个场景：是是是，不对不对不对，我刚才那个不算，重新说。我们感觉到司马迁在这个时候变成一个什么样的形象？有点狡辩，对吧？很窘迫的，仓皇失措的是吧？有点很困窘那种感觉。但是我们不要忘了这个形象是谁在塑造？是司马迁自己在塑造这个形象，读到这儿我们特别能够想到汉赋，我觉得很像汉赋里面的感觉，司马迁说了很多，然后壶遂一下就让司马迁觉得，对啊，我怎么能说这样的话对不对？我好像把我的心里话说出来了，对不对？所以他后面讲的这个"余闻之先人曰"，在前面也没有任何铺垫，他前面说的那个"余闻之先人曰"跟前面司马谈临终时说的话是有呼应的，可是后面这段话前面我们从来没有看到司马谈说过，而且最有趣的是这里面说的一些话是很奇怪的，比如他说《春秋》有褒周氏之说，《春秋》，包括我们读的三传里面都没有褒周氏，《春秋》对于周氏就是要有批评的。这些说法看起来都很奇怪，就像我们一开始看到的，"不韦迁蜀，世传《吕览》；韩非囚秦，《说难》《孤愤》"，事实不是这样的。我们可以想到，这里面所有的形象都不是别人在说司马迁，是司马迁自己在说的。

圣统这个话题司马迁想把它提出来，为了想把它提出来不惜把年份都做了一些调整，明明不到五百岁硬说五百岁，因为说五百岁我们就知道他在说什么了，他在说圣统的问题。但是这个问题司马迁知道，实际上在汉代已经不能说了，因为什么呀？大家去读《孟子》里面讲的那些圣人，一个一个圣人出来的时候，《孟子》里面都讲世道之变是一治一乱，对吧？所以圣人出就意味这一定是处在世衰道危的时期，一定是处于一个乱世当中才有圣人。我们可以想到，这就跟他父亲一开始讲的他们这个家族的要去褒扬汉世包括汉朝的新朝气象的定位之间就矛盾了，而且更重要的是这个话题在整个汉朝是不能公开说的。我们看到后来作《古今人表》的时候，圣人就到孔子。不是说孔子之后就没有圣人了，不是说孔子是我们目前知道唯一的圣人，而是最后一个圣人，因为皇帝政治以后就不需要圣人了，有了皇帝，皇帝帮我们解决一切。大家可以想象司马迁内心真正的想法，是像他最后所说的这样，他要去为这个大汉的盛世去鼓吹，去把自己见证的这个美好时代写下来呢？还是像他前面说的那样，要做"善善恶恶，贤贤贱不肖"？究竟哪一个才是司马迁真正想要做的事情？前面还是后面？实际上是前面，但是这个东西是不能够直接说出来的。

到这里我们能够体会到司马迁的文章写得如此之好，文笔如此之好，设计得如此之奇。读到这里他要的东西完全都出来了，同时，从某种程度上说，我们可以看到，这样一种文章他用第三人称写好像比用第一人称写更加好。他从一开始他的父亲活着的时候讲所谓的家族传统，也就是作为一个职务，作为一个"史官"有义务要记载你的时代，你这个时代好也好、坏也好，你都有责任把它记录下来，更何况我们现在是一个新朝，我们这个新朝还没有我们自己的历史，所以你要把这个美好的时代、伟大的时代记录下来。到谈到所谓孝的问题，再到父亲去世以后，太初元年司马迁开始要作《史记》，他跟壶遂之间讨论的一个继圣的问题，再到现在，"于是论次其文"，就是说从很早的时候已经开始写了，写着写着没想到发生了一个重要的变化，就是"李陵之祸"，在这个事件当中司马迁陷入一个极大的困境，他对于文本、对于书写、对于著述又有了新的认识，他提出来最后一个发愤著书，所以我们整个总结看起来的话也就是说这个文本里面有四个根本性的要素：恢国、致孝、继圣和发愤，但是这四个我们前面已经讲了，都不是在一个平面，不能够说第一、第二、第三、第四，因为内部之间是有冲突的，比如说继圣和恢国之间就有矛盾，恢国是要写汉朝的好。但是如果要继圣的话就不一样，继圣的话就要批评，所以一个文本既要褒扬又要批评，那么他就在不同的时间点上说一些话，甚至在里面运用一些方法：有些时候是自己来批评自己，找一个人来，找一个壶遂来批评自己，然后自己好像打自己的脸，自己把自己说的话否定了，但是那个被否定的话为什么不直接删掉，为什么不直接不写呢？还要写那么多，写得比自己后来说的话还要多，那我们就知道那个恰恰是他要说不能说的东西，运用这样一种形式来表达出来。

最后我们做一个简单的小结，"'诡辞'以见义"，司马迁后面讲的都是些诡谲之词，如"左丘失明、不韦迁蜀、韩非囚秦"，并不完全是实录。这种书写方式在我们今天看来是不合理的，是不合乎逻辑的。比如说司马迁引用一段材料，但是对这个材料做了改编、做了剪裁，这个在我们今天看起来也是不可以的。我们都知道整个书里面大量地用《尚书》、用《左传》，用很多的材料，用的时候有很多这种的，他没加注，也没有说明。那这种方式在我们今天看起来是不合法的，为什么司马迁就这样用了呢？他从哪里得到了这样一个书写的资源？那我们还是要回到司马迁自己的知识背景。

我们知道，司马迁对于《春秋》公羊学是非常熟悉的，在很多的"太史公曰"里面他用的都是《公羊》要意，而且在《太史公自序》里面明确地讲到"余闻董生曰"，而在公羊学里面恰恰就有"诡辞"的说法。

公羊学在《春秋繁露》讲到一个事件，就是在记录齐人去攻伐纪国的时候，有一个大夫纪季带着自己的采邑主动投降，比如说要投降齐国，那齐国就说好，你可以在你这个地方保留你的宗庙继续来祭祀，这个事件后来就有人来问了，因为在《春秋》里面就觉得这个纪季是一个好人，虽然投降了，但是他保存了自己的宗庙社稷，而且更重要的是在公羊学里面，这次齐入纪国，被认为是正义的，是齐人为了报九世之仇，所以纪国被灭掉一点不值得同情，反倒是这个主动投降的纪季，好样的，对吗？后面《春秋》之法认为"大夫不得用地，公子无去国之意，君子不可以外难"，就是说一个人投降了就不能称之为贤人了，但是为什么他还是一个贤人呢？还要去褒扬他呢？最后一段就看到，他说《春秋》在讲一个事情的时候，不一定照着原来的意思去讲，因为《春秋》根本的目的是要去表达大意，他更强调合理的东西而不是事实的东西，所以如果这个事实跟他要表达的大意之间有冲突的时候，他可以去对事实、事件当中的一些环节，甚至对于事件当中的一些主人公加以更改，这就是所谓的"诡辞"。那看起来司马迁至少在《自序》里面多多少少用了一些"诡辞"的方法来明确他的意思，他自己要表达的东西很透彻。

韩德民

　　男，安徽淮北人。北京语言大学人文社会科学学部教授。长期从事美学与中国思想史的教学和研究工作。出版有《荀子与儒家的社会理想》《中华传统文化经典全注新译精讲丛书·荀子》《美学建构与中国文化精神的现代诠释》《中国视角：当代经验和古典观念之间》等著作。

# 从周敦颐的"爱莲"说中国人的"君子"理想

## 一、"圆明园"中的"爱莲"和"君子"

　　周敦颐与圆明园文化的特殊关联，缘于他的名篇《爱莲说》。"圆明园四十景"之一的"濂溪乐处"，即取意于此文："予谓菊，花之隐逸者也；牡丹，花之富贵者也；莲，花之君子者也。噫！菊之爱，陶后鲜有闻。莲之爱，同予者何人？牡丹之爱，宜乎众矣！"对莲花的欣赏，寄托着周敦颐特有的人生趣味和理想人格观念。他是想借对莲花审美属性的描述，对作为儒家理想人格代称的"君子"做出富于新的时代特色的阐释。

　　周敦颐借莲花阐释的这种"君子"，一方面与"隐逸者"相对，另一方面也与世俗化的主流社会公众相对。这两方面的对照比较似乎是要强调，"君子"虽然保持着自己的社会性关怀，但也保持着与主流社会意识和价值取向的距离，从而体现出清高自持的特点，这就是所谓的"出淤泥而不染，濯清涟而不妖，中通外直，不蔓不枝，香远益清，亭亭净植，可远观而不可亵玩焉"。周敦颐对"君子"特征的这种阐释，在他之后产生了很大影响，成为中国传统社会后期一种非常重要的文化传统，尤其对文人的艺术创作风尚和审美趣味产生了重要引领作用，影响之大，以至于作为皇家园林代表的圆明园也跟风。明代黄凤池《集雅斋梅竹兰菊四谱小引》中说："文房清供，独取梅竹兰菊四君者无他，则以其幽芳逸致，偏能涤人之秽肠而澄莹其神骨。"借梅、竹、兰、菊的形象强调君子人格：傲——梅花剪雪裁冰，是谓一身傲骨；幽——兰花空山，幽谷寂寥自赏；淡——翠竹洒风弄月，清雅淡泊；逸——秋菊凌霜飘逸，不趋炎势。所继承的，其实就是周敦颐借"爱莲"所抒发的这种情怀。

## 二、当初的"君子"

春秋以前，"君子"本指有身份有地位的贵族。如：吴公子札来聘，见叔孙穆子，说之。谓穆子曰："子其不得死乎？好善而不择人。吾闻'君子务在择人'。吾子为鲁宗卿，而任其大政，不慎举，何以堪之？祸必及子！"（《左传·襄公二十九年》）其中"君子"针对的就是"任其大政"这种"宗卿"的身份，反之，与其相对的"小人"即指普通庶民。春秋末期之后，"君子"一词的内涵重心逐渐发生变化。推动这种变化的动力，大概主要来自两个方面：一是时当礼崩乐坏的乱世，社会成员身份阶层的频繁变化；二是"德"和"位"普遍性分离的现实对人们意识观念的刺激。儒家顺应这样的趋势，最终将"君子"改造成了理想化道德人格的代

宋·马远《山径春行图》

称。在儒家的话语体系中，与君子相关的，还有诸如士、圣人、大儒等多种不同措辞，但君子最后还是被选择为代表中国社会理想化人格追求的最具有普遍性意义的概念。

先秦儒家，主要站在宗法血缘伦理的立场上解释君子的人格特征。孔子学生有子说："君子务本，本立而道生。孝弟者，其为仁之本与！"（《论语·学而》）但这不意味着"君子"的人格特征局限在亲子之爱的心理情感层面。在儒家的思维中，以"仁"为导向的品格修养与外在事功追求之间，仍保持着高度对应性。这就是孔子说的："苟正其身矣，于从政乎何有？不能正其身，如正人何？"（《论语·子罕》）孟子继承了对二者关系的这种理解，所谓"天下之本在国，国之本在家，家之本在身"。（《孟子·离娄上》）荀子说得更明白："闻修身，未尝闻为国也。君者，仪也；民者，景也；仪正而景正。君者，槃也；民者，水也；槃圆而水圆。"

落实到具体个体的人生实践中，"君子"虽是道德性目标，却又往往和对现实功名利禄的追求存在密切关联。《左传·襄公二十四年》中说："太上有立德，其次有立功，其次有立言，虽久不废，此之谓不朽。"孔子的说法则是："君子疾没世而名不称焉！"（《论语·卫灵公》）老子道家的"无名"思想从根本上说，就是针对儒家君子这种对"名"的执念的。"君子"价值取向上这种与外在功名的关联，是汉代"名教制度"建立的观念前提。

所谓"名教制度"，可以从两个方面理解，一是孔子说的"正名"，即根据人的身份职位规定其责任和行为方式，所谓"君君、臣臣、父父、子子"（《论语·颜渊》）；二是通过引导人们看重、珍视自己的身份、名声来克制内在的私欲冲动。袁中道说："名者，所以教中人也。何也？人者，情欲之聚也。任其情欲，则悖礼蔑义，靡所不为。圣人知夫不待教而善者，上智也；待刑而惩者，下愚也。其在中人之性，情欲之念虽重，而好名之念尤重，故借名以教之，以为如此，则犯清议，如彼，则得美名。使之有所惧焉而不敢焉，有所慕焉而不得不为。……好名者，人性也，圣人知好名之心，足以夺人所甚欲，而能勉其所大不欲。而以名诱，此名教之所设也。"（《珂雪斋集》卷二十《名教鬼神》）

西汉中期，武帝接受儒生董仲舒的建议，"罢黜百家，独尊儒术"，儒学因此而成了之后中国传统社会官方的意识形态。汉代朝廷把儒家的孝悌原则推广到社会政治治理领域，倡行"以孝治天下"，并颁行一系列的政策措施来保障这种理念的落实。如定期不定期在全国或地方范围内奖励孝悌，予以恩赏赐爵，并要求地方官必须在自己治理范围内察举孝廉向朝廷举荐，作为官员选任的途径之一。中国历史上的政权转移模式从根本上决定了，任何朝代初年的官员队伍构成，都不能不以功臣故旧为主，西汉初年自不例外。但随着时间推移，却又不能不更全面地考虑官僚队伍的更替机制问题。更替机制的基本原则无非两种，一是按"亲亲"原则内部自我循环，二是按"尚贤"原则向全体社会成员开放。两种原则在现实中不是绝对对立的，更多的时候都表现为二者间不同程度不同形式的折中融合。执政者群体就其自利本能言之，必然更倾向于"亲亲"的选官原则。如西汉时期的"任子"制度，就是这种原则的典型体现："任子令者，《汉仪注》，吏二千石以上视事满三年，得任同产若子一人为郎。"（《汉书·哀帝纪》，颜师古注引应劭）但这样的选官原则存在致命的弱点，那就是会侵蚀政权的统治基础，同时降低体制的管理成效，因此，执政群体的基本理性又会引导其不同程度上接受"尚贤"的原则。哀帝绥和二年以"不以德选"为据废除"任子令"，就体现了这种认识。这种选官原则的调整，把"独尊儒术"的意识形态主张，有效地落实到了官员选拔与利益分配的制度层面。从而某种程度上，春秋中后期，君子概念所承受的德与位两个侧面的分裂，随着名教制度的建立，似乎又复合了。也就是说，儒家君子成其为君子的道德性修养及相应的经学知识，不再只具有人格完善的意义，而成为享有体制内功名利禄的正当依据。

## 三、"君子"观念的异化及反弹

"孝廉"本是个人的品德性修养，在转化为官方政治选拔性标准之后，很自然地需要借助具体的外在性行为标准来加以验证核实，这有推动社会风气改善的作用，但也有滋生伪善的副作用。到东汉后期，名教制度的异化日益严重，相应地也影响到了儒家所谓"君子"在人们心目中的形象。"君子"很多时候，似乎成了"伪君子"的代名词。如此才能理解为什么魏晋时期的很多名士都对周公孔子代表的君子之道采取排斥态度。如阮籍就在《大人先生传》中标举"大人"作为自己精神理想之所寄托，而对儒家历来标榜的"君子"极尽嘲讽，实际上视之为借礼法名教牟取个人名利的伪君子。君子概念的这种异化及形象蜕变过程，几乎可以说是与西汉朝廷的所谓"独尊儒术"、重用儒生同步展开的。"自孝武兴学，公孙弘以儒相，其后蔡义、韦贤、玄成、匡衡、张禹、翟方进、孔光、平当、罗宫及当子婴，咸以儒宗居宰相位，服儒衣冠，传先王语，其酝籍可也。然皆持禄保位，被阿谀之讥。"（《汉书·匡张孔马传》）东汉时期，针对西汉士风过于热衷功名的时代特征，朝廷刻意褒扬"名节"。不同于"功名"的外向性品格，"名节"更强调某种自持、自律、自省的心态特征，并试图借这样的心态特征消解世俗利害对士人心性品格的腐蚀。但因为褒扬所谓"名节"的主要手段，仍无非是官方权力手中掌握的利益资源，所以符合逻辑的演变趋势就是，以"名节"取代"经术"作为博取利禄手段成为东汉士风的新的特点。王符叙述观感说："或以顽鲁应茂才，以桀逆应至孝，以贪饕应廉吏，以狡猾应方正，以谀谄应直言，以轻蔑应敦厚，以空虚应有道，以嚣暗应明经，以残酷应宽博，以怯懦应武猛，以愚顽应治剧，名实不相符，求贡不相称。"（《潜夫论·考绩》）以忠孝节义道德君子相标榜的结果，竟然是"风俗凋敝，人庶巧伪"（《后汉书·崔实传》），是名实相悖、忠奸颠倒。

## 四、"君子"观念的嬗变

朝廷"独尊儒术"本来似乎有利于光大儒学，事实却是儒学由于因此失去外在批判而日益僵化。"王荆公尝问张文定：'孔子去世百年，生孟子亚圣。自后绝无人何也？'文定言：'岂无？只有过孔子上者。'公问：'是谁？'文定言：'江西马大师，汾阳无业禅师，雪峰、岩头、丹霞、云门是也。儒门淡泊，收拾不住，皆归释氏耳。'荆公欣然叹服。"（陈善《扪虱新语》上集卷三）张文定并非佛门中人，然其推崇的时代精神标志性人物，都是禅宗人物。在他看来，就发展趋势言之，儒学已丧失安顿人心的社会文化功能。王安石尝以重振孔孟之道自任，但对于张对时代精神趋势的这种概括，似乎也不能不表示接受。两汉之后，虽经玄学思潮冲击，但南北朝隋唐时期，儒家经学无论在政治上还是学术上，都仍然保持着相当尊崇的地位，但就对士人内在人心的感召力而言，却实在已不足以与释道思想抗衡。因此世间常有所谓以佛治心、以道治身、以儒治世的说法。置身这样的历史情境中，就算是以恢复儒家道统为根本目标的人物，实际上也不得不以各种方式吸收佛道特别是佛教思想中的有用成分，对儒学进行适应时代精神趋向的新解释。

理学不同于汉唐时期的经学，不同于先秦时期孔孟荀代表的原始儒学，最根本的原因，就在于它从道家特别是佛教思想中吸收了很多养分，在思想观念和方法上表现出很多新的特点。《爱莲说》是很短的一篇文章，却可以说集中体现了理学阶段儒家人物对所谓君子概念的新的理解方式。周敦颐被认为是理学的开山祖师。他视野中的"君子"，其既不同于春秋以前，也不同于两汉时期的气质特征，从文化根源上说，即与这种对佛道思想成分的吸收有关。不同于儒家从孔子"正名"到汉代"名教"对"名"的执着，道家无论老子还是庄子，都明显更推崇"无名"的状态，佛教更是主张一切法空无自性。投射到生命趣味层面，自觉吸收佛道思想影响的结果，就是一改那种进取、急切、势利的做派和作风，转而以某种淡泊、超脱、清高的心志精神相标榜。周敦颐与邵雍、张载、程颐、程颢并称北宋五子。表达自己人生志趣和理想追求时，强调与世俗或朝堂评判尺度的区别，在这些人中有共通性。其中又尤以邵雍更为突出。他有句很有名的诗叫作："唐虞揖逊三杯酒，汤武征诛一局棋。"就是强调要在超越性的精神视野中，对世俗道德、常规人生进行重新审视。

儒家思想传统是非常丰富的。孔子有"君子疾没世而名不称焉"（《论语·卫灵公》），乃至"虽执鞭之士吾亦为之"（《论语·学而》）这种似乎比较急切的一面，但也有"吾与点也"乃至"道不行，乘桴浮于海"（《论语·公冶长》）这种似乎超然物外的另一面。人们常以"内圣外王之道"概括儒学基本精神，"内圣"修养与"外王"事功两个侧面，在儒学观念体系中，虽从理论上说是相互支持的，但实际上，在不同个性气质的思想家那里，这两者之间也往往隐含着某种紧张。着重发挥"内圣"修养这个侧面，就形成了儒家自己特有的心性之学的传统。《中庸》对"诚"的强调，可以说是这种传统的集中代表："唯天下至诚为能尽其性。能尽其性，则能尽人之性。能尽人之性，则能尽物之性。能尽物之性，则可以赞天地之化育。可以赞天地之化育，可以与天地参矣。"道家思想、佛教思想，就其实质言之，也是一种心性之学，不过更彻底而已。所谓法性自空所要强调的，说到底无非是精神自身觉悟的意义。站在这样的角度，则周敦颐等理学人物，通过吸收佛道思想成分，对君子概念所做的解释，虽赋予了这个概念某种不同于汉唐时期儒家经学的色彩，就整个儒家思想的大传统言之，又仍然有其某种根据，这应该也是理学时期对《大学》《中庸》的重要性格外强调的理论原因。

王培友

　　男，山东日照人。文学博士，北京语言大学人文社会科学部教授，兼任首都师范大学中国诗歌研究中心研究员、中华史料学会古代文学分会理事。主要学术兴趣有：中国古代诗歌史研究、中国古代儒家诗学研究等。代表著作有《两宋理学家文道观念及其诗学实践研究》《宋诗品格与两宋文化生态》等多种，发表学术论文 40 多篇。

# 谈谈两宋理学"气象"涵蕴及其诗性品格

　　从北宋中期开始，很多文学家重视使用"气象"，如晏殊、欧阳修、梅尧臣、王安石、黄庭坚、苏轼以及之后的很多诗人，都经常使用"气象"来描摹事物情态、探讨诗文创作得失规律。同时，一些理学家如周敦颐、程颢、程颐、朱熹、邵雍、胡宏、张栻等人，也经常使用"气象"来表述其理学范畴，他们把"气象"作为涵养心性的亦本体亦手段的体用合一的范畴来使用，以表达其理学思想，"气象"随之而成为理学的重要范畴。考察研究史可见，自宋代至清，前贤并没有把"气象"作为理学的范畴来看待。现代学者也对"气象"范畴的内涵、体性、特征、功能等没有清晰的研究

或界定。散见于几本理学辞典中的"气象"词条，对"气象"的阐释也极为简单、肤浅。百年来学术界虽然对与"气象"密切相关的文学范畴如"气韵""意象""境界"等已有深入研究，但把"气象"作为文学范畴进行系统考察，也不多见。而从"气象"所具备的会通性特性而言，对此进行研究显然是有意义的。

对"气象"问题的研究，必然涉及两宋诗歌创作主体、诗歌作品、诗歌接受主体等一系列文学研究范畴与理学家、理学诗派等理学文化范畴之间错综复杂的关系问题，也是深化和推进当前理学与诗歌关系研究的难题。限于篇幅，这里重点考察理学"气象"的内涵与体性及其诗性品格。

## 一、两宋理学家对"气象"的多向探讨

"气象"是中国古代文化中的常见词语。早期"气象"多与"占气"相联系，但尚未成为一个词。如《史记》载："海旁蜄气象楼台，广野气成宫阙然，云气各像其山川人民所聚积。"这里，"气象"是指海蜄所吐出的气（古人以为海蜄吐气为楼台之象），其形状与楼台相仿。大约到了魏晋南北朝时期，"气象"才独立成词。梁代江淹《丽色赋》载："夫绝世独立者，信东邻之佳人……光炎炎而若神，非气象之可譬，焉影响而能陈。"概括而言，唐前"气象"含义主要是形容山川草木、季节物候、日月星辰等自然万物的外在物态。到了唐代，"气象"才开始与德行、文章相联系："于赫太师，德音孔遐。道之气象，物之精华。"皎然讲："气象氤氲，由深于体势。"可见，自唐代开始，"气象"逐步摆脱了具体的实际含义，而开始具有了虚指的审美意味。入宋后，举凡在天文学、地理学、绘画学、理学、文学等众多领域，"气象"被用来描摹物

态人情、探究性命道德、反映文体特性等，其用途是非常广泛的。可以说，"气象"在宋代文化中，已经成为一个涵蕴丰富、具有多重品格的重要范畴。

北宋晏殊开始把诗歌创作与"气象"相联系，追求诗歌的"富贵气象"，宋人阮阅《诗话总龟前集》记载："……故公每言富贵，不及金玉锦绣，惟说其气象。"不过，与文学家不同，理学家使用"气象"，对其内涵做了重要置换。总的看来，北宋理学家"五子"中的周敦颐、程颢、程颐，南宋理学代表人物朱熹，对于"气象"的探讨最有代表性。

### 1. 周敦颐与"气象"

周敦颐论及"气象"内容不是太多，与之相关的内容，主要有两方面：一是据《二程语录》等记载，周敦颐曾"庭草不除"，以为"与自家意思一般"。叶采《近思录集解》释为："天地生意流行发育，惟仁者生生之意，充满胸中，故观之有会于心者。"张伯行《近思录集解》云："天地之大德曰生，所以生生者仁也。方当春时，生意发育，随处呈现，即可于窗前之草验之。周子胸中仁理完足，不觉有会于心，所以云'与自家意思一般'。"可见，叶采、张伯行都认为，周敦颐心中之"仁"与外在之天地生生不已之流行发育之"德"若符契会，窗前草只不过是天地生生不已之流行发育的表现，由此可知，周敦颐强调"庭草不除"亦具有张载所推崇的"物吾与也"之意，周敦颐恰在无意中，以体贴与审美的方式，对天人合一有深刻的把握。此意后为二程所采，成为体贴性体心体道体的重要入手处，也是沟通天人的重要途径。

二是令二程寻"孔颜乐处"。"乐"是儒学的一个重要命题，孔子提出"吾与点也"之"乐""仁者乐山，智者乐水"等话头，标志着原始儒学以审美的方式来把握物质世界和精神世界传统的正式形成。孟子以万物皆备于我、反身而成为"大乐",实际上提出了以"乐"作为存养的兼目的与手段来沟通天人的命题。周敦颐"每令寻颜子、仲尼乐处,所乐何事"(《二程语录》),显然是从心体道体性体的高度,以情感体验与审美的方式探及到了宇宙论与道德论的沟通与融合问题,说明名教之自有乐地,蒙培元先生《两宋理学范畴系统》认为具有"超名教超功利的一面",实现了人与自然的完美和谐统一,具有独特的情感体验,周敦颐以美的体验来表述的这一境界,已经超越了具体的功用与目的,具有超功利性的特征。

### 2. 二程与"气象"

二程发展了周敦颐的"气象"理论,对"气象"的内涵有所拓展,他们把"气象"看作是沟通天人、兼具体贴性体道体天体的目的与途径的范畴。其主要内容有三个方面:

一是二程提出了"观天地生物气象"的重要理学命题。《近思录》记载程颢提出了"天地生物气象最客观",清人张伯行《近思录集解》对此有较为精当的解释:"周子谓窗前草不除,与自家意思一般,正见得天地气象在我,而我之生机流行,亦初无一息之或停矣。"程颐亦讲:"先观子路、颜渊之言,后观圣人之言,分明圣人是天地气象。"这里,值得重视的是,程颐是以"气象"作为沟通天地与圣人的途径而言的,而且"气象"又是天地与圣人共同具有的特征。可见,程颢以此"气象"贯通于天人,"气象"成为体贴天人之"性体"的途径和手段,并且也是天人所具备的共同特性。程颢提出的"仁者与天地万物一体",亦可以证实他把"气象"作为沟通天人的境界、途径、手段来看的,并且天地与"仁者"从其体性而言，是"一体"的。

二是二程提出玩味"尧舜气象""圣人气象""圣贤气象"。据《近思录》载，程颢曾讲："仲尼，元气也；颜子，春生也；孟子，并秋杀尽见。仲尼无所不包；颜子示'不违如愚'之学于后世，有自然之和气，不言而化者也；孟子则露其才，盖亦时焉而已。仲尼，天地也；颜子，和风庆云也；孟子，泰山岩岩之气象也。"清人张伯行注："此反覆形容圣贤气象，欲人沉潜体认，反求诸己而学之也。"又云："元气贯通乎四时，则无所不包，此仲尼之道全德备，非一善可明之也。春意发生则有自然之和气。此颜子之不违如愚，与圣人合德，令后世可以想见，默而成之，不言而信者也。"对这一段话的看法，朱熹是从观"圣贤气象"的体与用两个方面来理解程颢这一命题的。他讲："要看圣贤气象则甚？且如看子路气象，见其轻财重义如此，则其胸中鄙吝消了几多。看颜子气象，见其'无伐善，无施劳'如此，则其胸中好施之心消了几多。此二事，谁人胸中无。虽颜子亦只愿无，则其胸中亦尚有之。圣人气象虽非常人之所可能，然其如天底气象，亦须知常以是涵养于胸中。"又云："亦须看子路所以不及颜子处，颜子所以不及圣人处，吾所以不及贤者处，却好做工夫。"这是从工夫论亦即"用"的角度来谈"圣贤气象"。又，朱熹弟子问："曾点言志，如何是有'尧舜气象'？"朱熹答曰："明道云'万物各遂其性'，此一句正好看'尧舜气象'。"朱熹是从"尧舜气象"之大本亦即"体"来言"圣贤气象"的。上述说明，程颢以"圣人气象"同"春"德相联系，突出强调圣人之德的外在显现与其内在体性都与"春"之"生生不已"体性相通，是从体用两个方面来界定"气象"的。

三是二程强调"持养气象"。二程讲："要修持他这天理，则在德，须有不言而信者。言难为形状。养之则须直，不愧屋漏与慎独，这是个持养底气象也。""持养"亦即心性存养的工夫，可见这里二程所讲的"气象"是从"养"的工夫过程中所显出的形态，这是从存养的方法论而言。程颐谈到"气象于其处见"话题时，也讲道："但以孔子之言比之，便见。如冰与水精非不光，比之玉，自是有温润含蓄气象，无许多光耀也。"这说明，二程主张心性存养既要讲实践，也要重省察存养过程中的外在仪态气度。显而易见，他们所讲的"持养气象"，包含着实践主体的情感体验和超越性追求在内。

由上可见，二程的"气象"涵蕴主要集中于三个方面：一是"气象"是沟通天人的途径和手段，体贴"气象"可以认知和把握道体，体贴道体；二是把"气象"看作是道体心体性体的外在表现，体贴"气象"可以实现对道体性体心体的省察涵育；三是对"气象"的体察，是心性存养的亦目的亦途径的贯通性体贴特性所在，是立人极、做圣人的重要存养目的和方法。可见，二程深化了周敦颐所提出的"气象"范畴并在体用及理学体系建构层面上，发展了"气象"这一范畴的内涵，从而奠定了"气象"范畴在理学中的重要地位。

### 3. 朱熹与"气象"

与理学的发育、演变相一致，南宋理学主要代表人物胡宏、朱熹、陆九渊、张栻等人都对"气象"有所关注，并在多个方面有所探讨，"气象"范畴因之而有了进一步的发展。比较而言，朱熹所言之"气象"较有代表性。

在朱熹理学体系中，"气象"得到多方面的展开。朱熹所言的"气象"除了兼有周敦颐、二程所言"气象"的特性之外，还有其独特性：其一，把"圣贤气象"看作"得道"境界。这里，朱熹接过了周敦颐、二程关于"圣贤气象"的话题"接着说"，但朱熹所言的"气象"较之前辈周、程诸贤，已有推进。在朱熹的众多话语中，"气象"于圣贤而言，已经成为一种"境界"："'子温而厉，威而不猛，恭而安'。须看厉，便自有威底意思；不猛，便自有温底意思。大抵曰'温'，曰'威'，曰'恭'，三字是主；曰'厉'，曰'不猛'，曰'安'，是带说。上下二句易理会。诸公且看圣人威底气象是如何。……圣人德盛，自然尊严。"朱熹在这一段话中，强调要体贴孔子接人、待人的态度和做法，以此为入门进而领悟到孔子的"道"。因为"道"无声无息、冲漠无垠，所以强调从有"道"之孔子的接人、待人之外在"气象"的体贴中，来省察、涵育"道"体与"道"用。这里，"气象"与圣人之"道"是完全合一的，体贴"气象"实际上就是要省察圣人的待人、接人的境界。他评价曾点之学，不仅"有以见夫人欲尽处，天理流行，随处充满，无少欠网。故其动静之际，从容如此"，而且达到"胸次悠然，直与天地万物上下同流，各得其所之妙，隐然自见于言外"。朱熹在这里是把"襟怀""气象""胸次"等当作了飘逸洒落、超然物外的境界来看待的。

其二，朱熹所言之"气象"事关审美体验。朱熹把对"气象"的理性认识与审美体验结合起来，在体验中渗透着认识《朱子语类》记载朱熹言论："示喻黄公'洒落'之语，旧见李先生称之，以为不易窥测到此。……所谓洒落，只是形容一个不疑所行、清明高远之意。若有一豪私吝心，则何处更有此等气象邪？只如此看有道者胸怀，表里亦自可见。"可见，朱熹在对黄庭坚评周敦颐"胸次洒落"的审美体验中，以理性认识而从"求理"的角度，对"洒落"的含义进行了"省察"或"穷理"，从朱熹上述评论来看，其"气象"范畴同时具有了审美体验与理性认知等特征。当然，"气象"具有与审美体验相联系的特征，周敦颐、二程等人已经提及，但他们不如朱熹所言这样明确。

其三，朱熹所言之"气象"具有超越性。据《朱子语类》可见，在回答学生问"曾点言志，如何是有尧舜气象"时，朱熹回答说："明道云'万物各遂其性'，此一句正好看'尧舜气象'。且看莫春时物态舒畅如此，曾点情思又如此，便是各遂其性处。尧舜之心，亦只是要万物皆如此尔。"这里，朱熹把"尧舜气象"同天地万物之"性"相提并论，把物我浑融为一体，从天地、人、物"遂其性"出发来看万物生态、尧舜气象、曾点情思在"性"的统一性，"气象"具有的这种境界实现了人、物、自然的和谐完美统一，超越了事物的具体功用性，由此，"气象"具有了超越性的体性特征。

由上可见，朱熹的"气象"论较之二程在审美性、超越性和体验性上更加深化了，"气象"涵蕴由此发生了重要的转向，正是由于朱熹的努力，"气象"因之而具有了沟通文学与理学的功用。与朱熹"气象"论进路相一致，南宋理学家在多个方面拓展了"气象"的内涵和功用。不过，他们对于"气象"的探讨较之朱熹还是大为逊色的。总结而言，以周敦颐、二程、朱熹等为代表的两宋理学家，试图以"气象"作为沟通天地、生物、人的途径和渠道，"观天地生物气象""体贴气象""持养气象"与省察"圣贤气象"、观"孔颜乐处"等话题，作为求"道"的方法、途径兼目的而成为理学体系的重要范畴。"气象"亦因作为体性而与"道"不可分，因此"气象"具有了兼体用的特性。除了具有功用性之外，"气象"也具有超越性，它以情感体验与审美的方式探及到了宇宙论与道德论的沟通与融合问题，实现了人与自然的完美和谐统一，由此"气象"具有了超功利的美学特质。

## 二、"气象"的诗性品格：理学境界、形象审美与情感体验

所谓"诗性"，强调是实践客体所具有的一些本质属性，可以从其主体特性、文化特性、形式特性等来加以说明；"品格"则主要指的是实践客体的品性、性格等。这里，"诗性品格"强调的是理学"气象"范畴所具有的与审美、体验等有关的，涉及情感、认知等方面的特性。

### 1. "气象"以认知、审美与体验的方式沟通"天人"

前文提到关于"孔颜乐处"与"圣贤气象"问题，特别指出了周敦颐从性体心体道体的角度来实现宇宙论与道德论的沟通与融合，朱熹从体与用两个方面理解"圣贤气象"问题，但没有展开来谈。这里主要从认知与审美的角度，看"孔颜乐处""圣贤气象"是如何沟通天人的。这里，"天人合一"指的是，作为自然界的客体，是具有人的情感色彩的客体，而作为主体的实践者也已经不是纯粹主观的、与自然界相对立的存在，而是融化到整个自然界之中，这就是天人合一的境界。

关于"孔颜乐处"以认知与审美而实现天人合一的问题，很多学者已经有所研究，其中，最有代表性的要数蒙培元先生。蒙先生通过对孔子之后，直到两宋理学家的"乐"意主题深入考察，以为"孔颜乐处"内在地沟通了认知与审美。他在《理学范畴系统》一书中说：

> 二程对周敦颐的"孔颜乐处"念念不忘，深有体会，并继承和发挥了这一思想。如果说，周敦颐还带有道家崇尚"自然"的色彩，那么，二程则更具有儒家重伦理的特

征。程颢认为，为学并不是对外在知识的追求，而是寻求乐的境地，只有达到乐的境地，才是真正的完成。……所谓"自得""己物"，就是本体论的审美意识。从方法上说，则是自我体验的结果。"学"只是一种经验知识，不足为贵，"好"则必有所好，有所好则有物我、人己之分，故如游他人之园，并非己所有，只有"乐"才是自家所有，不须以我求彼，舍己而从物，因为这是自我体验所得之乐。但这自己所得者，究竟是什么？

这就是从审美意识所理解的"万物一体"境界。这种境界既是道德的，又是美学的；既是客观的，又是主观的；既是理性的，又是直观体验的。它融理性与情感为一体，以主观体验为主要特征，审美主体和美感对象合而为一，进入物我一体、内外无别的美感境界，超出了形体的限制，深入到美的本质，因此，才有最大的精神愉快。

蒙先生指出了"孔颜乐处"其实质就是以主体亦目的亦途径与手段的"乐"的审美体验，实现了天人合一的境界。这种境界从实践主体而言，是体验的又是理性的，是道德的亦是美学的，是主观的亦是客观的，自然与主体都融入"乐"的境界中而不分彼此、浑融为一体了。

前文中，我们指出"孔颜乐处"是宋代理学"气象"范畴之一种。由此而言，"气象"亦具有这种体验与理性相统一的、亦道德与美学的、亦主观亦客观的属性。其实，理解这一点并不困难。程颢反复提及的"孔颜乐处"，不管是孔子也好，还是颜回也好，其中的"乐"是实践主体对人生名利兴废都舍之如敝屣所致，只有"道"才是诗人的"乐"之所在。与之相似，"圣贤气象"亦是以审美与认知相沟通的形式，实现了主体与客体、理性与感性、道德与审美的统一与融合，从学理而言，亦是以审美而沟通了天人。两宋理学者强调要体认"圣贤气象"，这既是手段又是目的。说它是手段，指的是以之为体认圣人之"仁"的途径而直通天道，是以审美的理性和情感把握为凭借，去实现天人合一的境界。说它是目的，是说"圣贤气象"是修道者最终要达到的外显于外的境界与气度，是心体性体道体实现圆满性地超越与完整后的得道情形。显而易见，"圣贤气象"既是省察涵养的手段又是心性存养的目的。

从实质而言，体贴"圣贤气象"的境界，就是省察与实践"仁"之境界，而这一境界得来全靠认知的省察与审美的体验。

如前所述，除了上述所言"孔颜乐处"与"圣贤气象"之外，理学家所言的"气象"，具有另外一些种类，如二程强调的"持养气象"，朱熹推崇的得道气象、胸襟、境界等，都是"气象"范畴在理学中的具体展开。概括而言，"气象"具备下列特性：

其一，"气象"是以本体之性而呈现出独有的境界与为人所体察与感受，是人以审美的认知的形式，对事物本体的体贴。从理学体系而言，体贴"孔颜乐处""圣贤气象"都是强调与天人在"仁"的深层上贯通。对实践主体而言，体贴"气象"不仅是体贴事物之属性，更重要的是体贴由事物属性以及事物与事物相互发生关系而构成的独有境界，由此而言，体贴"气象"就具有了理性认知与感性体验的贯通性。但对道德主体而言，体贴"气象"就指向了体贴心性（性与情）与存养工夫之间的完美统一，自然也是体贴天地之"仁"与个体之"仁"的完美统一。

其二，就"气象"所具备的途径与手段的属性而言，体贴"持养气象"、体察"孔颜乐处"、体察"圣贤气象"等，就是把"气象"作为沟通宇宙论与心性论的桥梁而使用，"气象"取得了沟通天人合一的特性。同样，这一特性亦是以实践与道德主体的审美体验、理性认知的贯通而实现的。可以说，气象属于涵养工夫，具备了对用与体的统摄特征，这种以审美而体贴道德界与自然界以及天人合一的沟通特性，使"气象"成为理学范畴的重要一极。

正是因为两宋理学"气象"具备上述特性，因之，"气象"亦具有了相应的诗性品格。具体而言，上文通过对两宋代表性理学家周敦颐、程颢、程颐、朱熹的"气象"论进行分析、归纳，可见"气象"具有审美性、认知性和超越性这三种基本品格。这三种品格从实质而言，就决定了理学"气象"具有诗性品格，亦即理学"气象"具有诗学中所强调的意境、情志、认知和审美特征。可以说，理学"气象"所推崇的境界，无论是专注于"持养气象"的途径与过程也好，还是兼备目的与途径、沟通理性认知与感性体验的"孔颜乐处"、"圣人气象"也好，理学"气象"都强调以审美的体验而把握、认知、感受天人合一、物我贯通的独有道德境界。这一特征，便内在地沟通了诗歌的诗性品格特征与理学的"气象"特性。

### 2. 两宋理学家诗人的"气象"诗性品格

反映理学家诗歌道德境界的作品，亦具有理学的"气象"特性。如程颢《偶成》："云淡风轻近午天，望花随柳过前川。旁人不识予心乐，将谓偷闲学少年。"诗篇前二句写景，交代诗人在接近中午的时刻外出游玩，他描述了天地之间的风景与物况：云淡，风轻，花、柳成荫，诗人就在这春末夏初的季节中信步而行，感受着天地生意生生不已，感到自己与外在的气候、生物气息一致，身心与之打成一片，因此而有一种愉悦，这种感受显然脱离了一切的私欲与物欲，而把精神境界提升到察识宇宙万物的"生意"亦即天地万物之"仁"上来。显然，按照程颢的理学思想，这种"乐"也就是天地降临到人身上的"性"，由此而言，程颢诗中所乐的是识察天地万物与人的"本性"，对人来讲，所乐的是人的"仁"性，亦即"德"，这个"仁"性因与天地万物相沟通而具有了本体的意味。这种以审美的方式体验天地万物"仁"体的境界，无疑表现出作为实践主体与道德主体的人的审美体验性，正是因为聚焦于"仁"而又以成就以"仁"为核心的"内圣"之境界，所以体贴"圣贤气象"就具有了更高的超越意义。再如周敦颐诗，其诗《题春晚》："花落柴门掩夕晖，昏鸦数点傍林飞。吟余小立阑干外，遥见樵渔一路归。"诗篇渲染花落夕阳下，于家园看昏鸦与渔樵共存的情境，诗人面对此境心并不为所动，只是心如明镜一般，"照见"此一天地之境。显然，这一诗境与周敦颐理学中的"主静""寂然不动"命题是一致的，而"主静""寂然不动"等都是实现其理学最高境界"人极"即"诚"的途径。诗中，夕阳物境、昏鸦傍林、人物闲吟、渔樵归家，组成一幅万物一体而生意盎然的图画，这就是周敦颐所体认的天体之"生生不息"的"仁德"，落实到人就是"仁义礼智信"所谓"五体"。

理学诗着意抒写理学命题而具有崇高道德之美的诗境，由此就带来了这一类诗歌审美意蕴的重要特征：崇高与优美。无论是周敦颐诗歌抒发理学的"慎几""慎动"主题，强调"自掩"以为功的《题门扉》，表达自己"观天地生意"的"万物一体"情怀，强调"仁"为天地之本、人之本的《题春晚》；还是邵雍抒发自己贫贱乐道、不以外物干扰内心因道而乐的情怀的《秋日偶成》，抒发"天地万物浑然一体"的《偶成》，诗篇都展示给我们一种道德主体静心向内追求道德自我完善而轻外在物欲人情的高致情怀，这种情怀往往给人一种脱俗、无尘的道德审美体验，从而外显为一种崇高的美境。这种美境，显然是与理学诗的诗境的构建方式有联系，从这一点而言，理学"气象"所具备的"境界"特性恰如诗歌境界一样，都是实践主体通过审美而对客体的体认和感性体验。

就诗歌境界而言，王国维把诗歌境界分为"有我之境"与"无我之境"，"有我之境"除了审美体验之外，同时含有主体的理性认知成分。从理学"气象"境界而言，同样具有亦审美体验亦理性认知的兼目的与途径手段的特性。实际上，朱熹已经提到了理学"气象"与诗性品格之间，具有内在的沟通桥梁。他在《朱子语类》中评价韦应物诗歌时说：

> 杜子美"暗飞萤自照"，语只是巧。韦苏州云："寒雨暗深更，流萤度高阁。"此景色可想，但则是自在说了。因言："《国史补》称韦'为人高洁，鲜食寡欲。所至之处，扫地焚香，闭阁而坐'。其诗无一字做作，直是自在。其气象近道，意常爱之。"问："比陶如何？"曰："陶却是有力，但语健而意闲。隐者多是带气负性之人为之。陶欲有为而不能者也，又好名。韦则自在，其诗直有做不着处便倒塌了底。"

这里，所谓"道"是自然万物生生不息、运作发展的规律和原则，此一原则就人伦而言，是"人道"，以"仁"为本，是仁义礼智；"道"又兼体用、合理气，是自然万物与人本身共有的最高的准则，既是本体，又是作用，既有通过认知而来的认知理性，又具备实践理性。"气象"既指自然万物的外在形态即具体事物的物象，又因为诗歌抒写自然万物，"气象"随之成为具有审美意蕴的诗论范畴。朱熹评韦诗"气象近道"，大体可以从两个层面来理解。一是作为实践主体在诗歌里面，体现出了对自然万物的体察与认知态度，也就是说，朱熹以为韦应物在写诗过程中，在选择物象和表现意境、反映其由于物象意境而表达出的感受时，韦应物是自然而然、不做作、顺着物象而表达其感情、构造其诗歌意境的；另外一个层面，朱熹以为，韦应物摄入其诗歌的物象，构造的意境和反映的感情，与儒学家所认同的"生生不息""活泼泼地"自然万物运行面貌，以及与人性中天生具有的"仁义礼知"关系密切。正是基于上述两点，朱熹才说韦诗"气象近道"。可见，"气象"范畴因为沟通了理学与诗学，而在内涵上有深入开掘。与此相似，中国诗歌传统审美类型，如"淡""清""言意自在""多兴讽"等，都在思理上具有与理学命题的相通点。

可见，"气象"不管是作为理学家的诗歌创作观念与实践而言，还是作为诗人的理学存养工夫与道德实践而言，由于两者话语的共用性、思理的共通性，尤其是两者都以审美体验与理性认知而内在地体贴"境界"而对天人合一的贯通，从而，理学"气象"亦具有了相应的诗性品格。进而言之，唯对理学"气象"作如是观，那么，理学家"以物观物"的思维方式，必然就会与两宋诗人标称的"以诗求道"的文化语境发生内在的关联，而这两者所发生的审美机制与心理体验，又都会统合于以"乐意"自适或者以追求"圣贤气象"为标的的审美追求中去，由此而言，理学"气象"的理学品格与其涵蕴的审美诗意，就以审美的境界追求而成为沟通天人的亦工夫亦目的的性理范畴而存在了。

王晴佳

男，江苏苏州人。美国罗文大学历史系教授、北京大学长江学者讲座教授，国际史学期刊《中国的历史学》（Chinese Studies in History, A&HCI journal published by Routledge Taylor & Francis）主编和国际史学史、史学理论委员会理事。主要研究领域为史学理论、比较史学史、全球史和中国思想文化史。出版中文著作《西方的历史观念：从古希腊到现代》《全球史学史》《外国史学史》和《台湾史学史》，英文著作有：*Inventing China through History: The May Fourth Approach to Historiography*, *A Global History of Modern Historiography*, *Chopsticks: A Cultural and Culinary History* 等。

# 顾颉刚的性格、情感和疑古

1923 年，顾颉刚与钱玄同讨论古史的文章在《读书杂志》上发表时，引起了轩然大波。他 1926 年出版了《古史辨》第一册，卖得也非常好。当时，顾颉刚在北大毕业刚刚差不多才六年，这本书出版之后，他一下就成名了，被厦门大学请去当全职教授。但是，他的日记跟书信都反映出他很不愿意教书。他从北大毕业后，他的老同学罗家伦请他到北大预科上课，他就推辞，讲了一周他就不讲了，后来他也几乎一直避免上课，而他一生都以教书为业。顾颉刚

整理史記計畫　　　　　　　　顧頡剛擬

一、史記正文及裴駰集解，另頁另字録訖，定名為「史記」。

「索隱」、「正義」，加以校勘及按語，定名為「史記三家注」。

二、本文以商務印書館百衲本二十四史中的宋黃善夫夫刻本作底本；其有訛誤，依日本古寫

本加以勘正。

本、宋蜀大字本、明南北監本及清武英殿本、金陵局用

古逸叢刊本校，武英殿及日本瀧川本史記

會注考證所引古寫本校。

三、瀧川考證及水澤利忠考證引史記會注考證校補，擇其重要者以

其精確而不妄改者，擇要附入。

三、史記考異、梁玉繩史記志疑等書，

志、錢大昕廿二史考異、梁玉繩史記志疑等著

四、正文每段寫下標誌，不與注文混雜。凡正

書，綴以爛熟之上、本書的標點等著

文有注解的，把注文列舉，抄在每字下，

標明某目字，把注文列舉，抄在每頁的左邊

使清楚和檢查起來的便利。

作为教授不愿上课，很有特点，引起了我的注意。

从另一个方面来看，他的《古史辨》这本论文集有300多页，他写了一篇很长的"自序"，有6万多字，100页，占全书三分之一。这在中外学术史上可以说是没有的。一方面，他是一个非常愿意跟别人交流的人，另一方面，他又是一个不愿意讲课的教授，所以这是一个蛮有意思的现象。

《古史辨》"自序"里面，也谈到他的很多经历，很多人写自序不可能像他这样细致，所以他的"自序"可能是中外学术史上最长的一篇。顾颉刚喜欢一五一十地讲述他编书的过程，可以看出他有跟别人交流的欲望。他自己提到，他是被康熙皇帝称作"江南第一读书人家"的后代，为名门之后。作为书香门第，他们家藏书非常多。他说他出生的时候，家里已经很多年没有听见小孩子的声音了，所以两代人对他的期望非常高。他有两个祖母，一个是亲祖母，还有一个嗣祖母，小时候一直是嗣祖母带他的。他还有两个母亲，一个是后母，因为他差不多9岁的时候，他的生母就过世了。

顾颉刚谈到了两代人给他的压力，提到了一件很有意思的事情，当时他的祖父请了一个老朋友做他的私塾老师，是个秀才，要他读那些古文，如果读不出，老师就会用戒尺敲他的头，所以他特别紧张。老师对他非常严格，一方面要他背古文，那些古字他本来就不太熟，但戒尺就放在旁边，像是马上要敲打他一样，所以他更加紧张。这样一逼，就造成了他口吃。另外，老师对他还有一个很大的影响，他读出古文以后，要他讲大意，他讲了大意之后，老师就跟他祖父说，你家小孩记性不好，但悟性还可以。我认为这是他的私塾老师给他的两个误导，一个是造成他口吃，一个是说他记性不好。我觉得他的整个学术生涯都受到这两个因素非常大的影响。他以为他记性不好，所以他笔头特别勤。从《顾颉刚全集》可以看到，他的笔记特别多，有 17 卷，书信有 6 卷，日记有 5 卷。他的老学生童书业过世之后，童书业的家属请他为童书业的两本书稿做一些批注，然后推荐出版。那时候顾颉刚已经 78 岁左右，他眼睛老花不能看，所以要人帮他抄大字来看，他还要做笔记，他已经养成习惯。他说我看书一定要做笔记，你如果看《顾颉刚全集》的话，他就是这样。

大家如果读了余英时先生的《未尽的才情——从〈日记〉看顾颉刚的内心世界》，都会知道顾颉刚一生爱慕谭慕愚，她是北大的学生，比顾颉刚小 9 岁，她在顾颉刚百年诞辰纪念会的时候还特意过去参加，她对顾先生印象最深的就是他记忆力非常之好。这两个是我们现在不太注意的方面，但是如果我们抓到这两点，或许可以对顾颉刚的很多学术思想有一些新的理解和看法。

顾颉刚口吃，不愿意讲课，所以造成他跟别人的关系特别紧张。我为了做这个研究，看了不少有关口吃者心理分析的书。也许一般人不太注意讲话会是一个问题，但是一个口吃者，往往会有很多心理负担，特别是在生人面前。顾颉刚在生人面前就会紧张，很多社交活动他不能去。他自己这样形容：别人紧张，他也紧张，大家都不太愉快。关于口吃者心理分析的书提供了一些信息：一般来说，口吃在小孩 5 至 10 岁的时候是很多的，到了 12 岁左右，女孩就不太会有了，但是男生还会有，所以男性口吃患者大约多于女性的 20 倍。小孩在牙牙学语的时候往往会口吃，因为词不达意的缘故。这个时候如果父母或者其他亲人对他要求太高，包括善意的要求，跟他说你讲慢一点，没问题的，也会造成负担。如果你去骂他、笑他，当然对他的影响会特别大。但是你如果去提醒他慢一点讲，其实就让他知道我在讲这个字或这句话的时候会有问题，长此以往，就会产生这样的记忆，他在以后讲的时候就会紧张、容易口吃了。

但是，口吃者的智力其实是非常高的，我的一个朋友开玩笑说，口吃者为什么口吃，是因为思路太快，讲话速度跟不上。2013年的确有人对一群幼儿园的孩子做过一个研究，口吃的小孩反而比一般的小孩智力水平还高一点。一般来说，口吃者生理上没有任何问题，他每个字都能够发音正确，只是他有心理负担。所以有一个研究口吃的专家，说口吃者有一种"心理预期的挣扎"。他在想发这个字音的时候，突然想起了过去的记忆，以前因为口吃被人笑过或说过，他发这个字音就会有问题。我还看到美国有一个口吃者协会，他们的手册上也提到这一点，说口吃者是上帝给他们开的一个很残酷的玩笑，你越想避免口吃，就越要口吃，因为你有心理负担。

上海有一个口吃研究所，一个叫姚鑫山的学者写过，口吃者普遍地有人际焦虑症，一般 50 岁之后，口吃现象会基本消失。因为过了 50 岁，一般人早就结婚了，紧张的场合没有了，而且已经工作好多年，在那些已经知道他口吃的人面前，他讲话反而不怎么紧张，所以他就不会口吃了。我前几年开始做这方面研究的时候，通过张越老师跟顾颉刚的女儿顾潮联系上。但后来没有向她问这个问题，因为顾潮出生的时候，顾颉刚已经 50 多岁了。顾先生是兰州大学历史系的创办人，他 50 多岁到兰州大学做系列讲座的时候滔滔不绝，讲得非常之好，他在书信里跟他的第三任太太张静秋讲，我现在是兰大的名人，是名教授，他的口吃现象到了那时可能已经没有了。

顾先生很慷慨地让学生用他的名字发表文章，《当代中国史学》这本书其实是童书业和方诗铭写的。他的日记里面提到，他年轻时候最好的朋友，当时的室友傅斯年有一次问他，你在什么地方发表了一篇文章，我看这篇文章不是你写的。顾颉刚就问他：何以见得？傅斯年说你写文章、做事都很紧张，但这篇文章我没看出任何紧张之气，肯定不是你写的。然后顾颉刚在日记里面就这样写，他说斯年真厉害，他能够看出来。口吃者越口吃，他越不想口吃，越不想让人知道他口吃，顾颉刚在《古史辨》里面讲过一次他口吃，之后他再没有公开提过，说明他不想让人知道他有口吃。

但顾颉刚几乎每天都会记他的身体状况，特别是记他的便秘、血压高。这就很有意思，因为这些是非常私密的事情，一般不会想让人知道。从心理来分析的话，可以看出顾颉刚这个人有自恋的倾向。他的日记不但写得认真，过几年他会重新看，写批注，重新做一些阐释，而且还会花功夫把日记整理一下，前面写一个大事表，比如 1930 年发生了什么大事。他看完日记以后再做一个大事表。他这么早成名，他的日记一定会被人看，这个做法应该是希望别人去看。那他为什么几乎每天都要写他大便不通？这个不是非常隐私的事吗？但如果就此讨教研究心理学的专家，他们就会将之视为一个人自恋的表现。

我们知道口吃的名人特别多。美国的玛莉莲·梦露就是一个口吃者，美国刚卸任的副总统约瑟夫·拜登也是口吃者。中国的名人里面，柳亚子口吃非常严重。年轻的时候，柳亚子跟另外一个南社社员争辩唐诗宋词孰优孰劣的时候，他因为口吃，讲不出话来，就气得哭了起来。口吃者还有一个现象，因为他口吃，所以著述特别高产，冯友兰先生便是另一个例子，因为他不但口吃，而且著述众多。而往往口才特别好的人，不是非常高产，像胡适老是写半部书、比较短的文章，还有傅斯年也有口才，他的著作相对也比较少。反而是顾颉刚、冯友兰的著作非常之多。还有一些外国的名人像牛顿、达尔文，也同样是口吃者，但留下了传世之作。

一般人会认为，口吃的人应该要避免用嘴巴讲话的职业，然而事实上却是，口吃者里面有不少是教授、演员。这说明口吃者有一种"明知山有虎，偏向虎山行"的气概，顾颉刚似乎不是很典型，但是很多人是这样，说明口吃者性格有坚强、执拗的一面。而顾颉刚在这一点上，表现则十分明显，也就是他非常坚持、执着。他在1926 年编辑《古史辨》，正式提出疑古思想之后，到了 1929 年，胡适跟他讲，因为看到傅斯年对殷墟的考掘，认为至少商朝的历史可信，你这个疑古立场不对了。于是顾颉刚一辈子耿耿于怀，到了1979 年，他在写《我是怎样编写〈古史辨〉的？》时候，把所有的事情基本上都写了出来。他说当时因为听到胡适先生说这样的话，大吃一惊，出了一身冷汗。而他自己的疑古立场，则一辈子都没变过。

　　顾颉刚在人际关系上，除了疑心特别重之外，还会猜忌，这可能跟他的疑古有一定的关系。他自己在《古史辨》里面也提到，在进入小学之后，感觉那些老师都不好，讲得差不多，既然这样，那要他们讲干吗？之后又说，到了北大以后，他前几年很喜欢听京剧、河北梆子，虽然他是南方人，但仍非常喜欢这个。同时他又喜欢章太炎的讲座，听过很多次，当时非常佩服。但是两三个月之后，他就感觉章太炎还是在走原来经学家的路子，所以又有了不一样的看法。包括余英时先生的《未尽的才情——从〈日记〉看顾颉刚的内心世界》里面提到 50 年代批胡适事件，顾颉刚也写过一些文章说胡适及其弟子之类的。余先生提到，这有可能是他的违心之言，因为政治压力才说那样的话，但是我从他的书信和日记里面也看到，相较胡适，他跟钱玄同关系可能更好一些，或许因为钱玄同过世早，他后来还梦见钱玄同。

　　但是对胡适先生，后来他们的关系就有些紧张了。胡适离开大陆之前，在上海停留了两个月。顾颉刚说这两个月内，他只见过先生两次，北大的同学肯定在那里说他的坏话，所以先生对他有所猜忌。其实据我们对胡适的了解，他不可能对顾颉刚有戒心。但是顾颉刚的这种猜忌心非常强，在他的日记里有两次表述，一次是跟殷履安讲，一次是他自己写。他说我跟胡适只相差 3 岁，其实 3 岁还不到。他对胡适一直都很佩服，但这个佩服里面，他又提到他似乎有点不服，有意赶超，所以他对自己的期望值很高。举例来说，他刚成名的时候，曾让族叔顾廷龙写"晚成堂"的匾额，挂在自己的书房里。顾颉刚在 26 或者 27 岁时就已经出名了，可是他仍期望自己可以大器晚成，有更大的成就。

顾颉刚在北京大学、厦门大学，还有燕京大学时，因为口吃的缘故，他希望可以不讲课，甚至不去学校，只做研究。然而有趣的是，在他成名之后，清华史学会请他做一个演讲，他在日记里没有写他口吃，只是说讲了半个小时就草草回来。我们猜测这是他没有讲好。后来他去济南一所高中做演讲，之前做了很多准备，但讲了大概一小时左右，听的人就都走了。他说这是因为他是江苏人，不太愿意说是因为他讲得不好。但其实并非如此，顾颉刚到北京之后很喜欢京剧，他的北方话应该是没有大问题的。另外还有一个旁证是，北方的一些学者跟顾颉刚说，他和他们说话是没有理解上的问题的，至少比冯友兰好得多。这样说其实有两个原因，第一是冯友兰比他口吃更严重。网上看过一段讲冯友兰和顾颉刚坐火车的事情，不过这一事件还不能确定真假。当时顾颉刚上火车之后看到一个青年人，就跟他聊天，然而对方一句话也不讲。对方已经听出他是口吃。那个人下车之后，顾颉刚发现那个人给他留了一张便条，说他叫冯友兰，也跟顾颉刚一样口吃。冯友兰不跟他讲话，是因为他口吃比顾颉刚还严重，一旦与他对话，别人就会以为他在学顾颉刚，会冒犯他，所以冯友兰就干脆不讲话。南京大学中文系的蒋宁做过冯友兰等口吃学者的一些研究，当然他是一个随笔性的研究，他说口吃者慧心者较多，冯友兰等人被引为例证。

还有一个说法是从弗洛伊德学说来解释的，其实我不是很相信顾颉刚说他的口吃是因为老师戒尺打他造成的。因为现在口吃研究分析，口吃可能和家庭有很大关系。顾颉刚家的两代人对他期望都很大。另外在他两三岁的时候，有一次他跟他母亲睡觉，尿了床，我们看那是很正常的。但是他母亲有洁癖，尿床之后痛打了他，从此就不跟他睡在一起了。后来在他的日记里面也有表述，他的两个祖母都很疼爱他，但是他母亲对他非常严格。母亲管教他、打骂他的时候，两个祖母想来帮忙劝说，他母亲就会把两个祖母关在外面，把门关起来打他。

大约 1947 年吧，北京成立了一个中国史学会，然而并没有请顾颉刚参加。他以为别人已经把他放在外面了，但他说自己如果再努力几年，也许大器晚成还是有希望的。我们前面也提到过，他已经大器早成了，但他还会希望自己可以大器晚成，因此他对自己的期望可以说是很高的。从写《古史辨》"自序"开始，他就提到一点，他说我这个人忙得真苦，很多人说是因为口吃，他往往把所有的事情都揽在一起，因为他感觉这是上帝对他的一个惩罚，他说他能够实现"复仇式的凯旋"。这就跟孟子说的"苦其心志，劳其筋骨"是一样的，他认为上帝给他的这个挑战是有道理的，不让他讲话，他就尽量不讲话，虽然他当了教授，但他不讲话。但从另一方面来说，他是要在其他方面成功的，因此他的笔头就非常重要。

大家写文章都有可能修改，但是他写这个"自序"，你会看到他隔几天就会说他在写，他在改，他会给他喜欢的人看，包括谭慕愚。过了几年之后，他还会拿出来读。他的笔头非常之勤，也许他这么认为：我讲话不行，但是我笔头是非常好的。顾先生编《禹贡》的时候，谭其骧做他助手。谭其骧是他的学生，燕京大学的研究生，他非常不错，但谭其骧笔头比较懒，东西写得不多。当时顾颉刚编《禹贡》，叫谭其骧做文字校对，校对后顾颉刚觉得很不满意，他又找了一个人，那个人更差，他就说只能他亲手来做这个事情了。他对他的继子顾德辉的评价也不高，有次顾德辉写一封信给他，顾颉刚发现里面有别字，他就对之批评。

还有一个矛盾的现象是，顾颉刚一方面认为他不太成功的，希望大器晚成，他 50 多岁以后才能更有成就，但另一方面，他又自视非常高，应该说颇为自恋。他谈到跟张静秋结婚之后，张静秋问他一句话，她说你对杨廷福评价这么高，那么你那个年代，你跟他怎么比呢？杨廷福也是一个比较早慧的人物，他在 20 岁的时候写过一本书，叫《中国韵文史》，顾颉刚对他称赞有加。但顾颉刚回应就完全不一样了，他说你如果读读我二十一二岁时写的文章、写的书，那是大气磅礴、才气横溢，跟杨廷福比的话，杨廷福的书只不过是一本流水账，不能比。

另一方面，对其他人，特别是年轻一辈的人，顾颉刚对之提携是非常有力的。他经常做很多事情、定很多计划，他的老朋友傅斯年就曾和他说到这个问题，你定这么多计划，你几辈子都完不成。他还说傅斯年做事没有计划，是不行的。但是他女儿顾潮编的《顾颉刚年谱》中，提到傅斯年能够容人，能够领导，他的做法反而更为成功。

还有一个现象，顾颉刚一方面口头表达是有些障碍的，但是另一方面，如果你们读《古史辨》和他编的其他书，就可以看出，他其实很少有我们现在所说的论文，都是他的通信，除了六万多字的"自序"之外，他的写法，在我们现在看来，跟论文是很不一样的。他当时跟殷履安说，其实在《古史辨》之后，他真的可以成为

"天下满名"了。因为荷兰学者恒慕义后来把顾颉刚的《古史辨》"自序"翻成了英文，他在英文里面给他稍微删掉了一点，正好删掉顾颉刚有二重性格的部分，他翻译得都很好。恒慕义当时只靠翻译这个"自序"，就拿了一个博士学位。他翻译了以后，做了一个名称的改动，叫做《一位中国历史学家的自传》，我认为这是很好的改动。

《顾颉刚全集》一共 59 卷 62 册，2500 多万字。我的问题出发点就是学者勤奋，但是勤奋还有一个度，像他这么高产的人，现在的研究者里面，应该说是比较少的。所以但说"勤奋"两个字，不能解释他为什么这么做，他如果写四五十万字，其实也能够成为一个学者。但是顾颉刚会写这么多，特别是读书笔记，有 17 册。而且《顾颉刚全集》的书信是不全的。他除了整理他的日记之外，书信也会经常整理，这在他的日记中提到过。他其实对他自己自视很高，他给你写信的时候，他说自己要抄一份。他有很多信保留下来，是一个抄件，但是比较可惜的是他写给谭慕愚很多信，可能没有誊抄，所以现在只有谭慕愚的几封信。

顾颉刚的祖母好像也是一个完全无私奉献的人，这影响了他之后的婚姻。殷履安是一位贤妻良母，顾颉刚家当时经常高朋满座，请人来吃饭，殷履安做菜做得不错，此外还帮他抄写书稿，后来因为兵荒马乱，殷履安身体不好就过世了。我就强调谭慕愚跟他相差 9 岁，当时有人不太理解顾颉刚，当时他已经跟谭慕愚通信很多年了，殷履安过世半年，他是想跟谭慕愚表示爱意的。半年之后，他按捺不住了，他写了四页纸的求爱信给谭慕愚，表示要跟她结婚。谭慕愚那时候还是单身。但是有几天，谭慕愚没有回信，他感觉自己诚意可能还不够，又写了一封十页的信。他为什么喜欢谭慕愚？因为谭慕愚口才特别好，是一个女性活动家，也是中国比较早的女权运动者。当然她这个女权的定义，跟我们现在不完全一样，她是一个比较活跃的人。我后来看到很多研究著作里面谈到，口吃的人，往往很喜欢这种口齿伶俐、才华横溢的人，他当时就很喜欢谭慕愚。当然两人性格不一样。谭慕愚收信之后，干脆过来跟他见面，说你的两封信我都收到了。你作为老师，我对你一直非常敬仰，但是她说他俩不太合适，原因有两点，她的分析我认为非常对：第一，她不会做家事，她是一个新女性，她知道顾颉刚生活需要有人照顾；第二，那时她已 41 岁，顾颉刚有两个女儿，没有儿子，后来他过继了顾德辉，谭慕愚是一个知音，肯定了解他，所以她说我跟你不合适，我知道你想要个儿子，可是我不可能再生育。谭慕愚后来确实也没结婚，一直单身。1935 年，他们俩都在杭州，那时候顾颉刚也带他女儿一起去看谭慕愚，两人关系蛮好的。他日记里面写到，他与谭慕愚交往蛮深的时候，有一次，谭慕愚有点不舒服，就跟他讲述她的家史，还掉了眼泪。我想很多男士在这种场合，一定知道这个女生对他有爱意，但是顾颉刚一句话也讲不出来，早早地就跟她告别回来了。你看他的表述方式，就是求爱的方式，他也是要用笔写，拼命地写。

我是想通过顾颉刚的口吃性格的分析，来看他学术上的一些成就。私塾老师对他的评价是：这个小孩记性不太好，悟性却很好。这个评价其实不对，但可以说是误导了他的一生，让他笔头特别勤快。所以我说他不吐不快，在纸上下笔不休。他谈到他跟殷履安在杭州的时候，带了两百多张纸信纸。他给殷履安几乎每天写一封信。他那时虽然带了很多信纸，也不够用。他每次买两百张，到现在已经第三次买了。这是他的话，他说自己说话的本领太低，写信的本领太大。之后他与张静秋结婚，也同样家书频繁，基本上每天一封。

顾颉刚想实现亲人的愿望，出人头地，光宗耀祖，这跟他幼时生长的家庭环境有很大关系。还有一个例子，1924 年，他跟北大几个女生一起交往，他那时候已经结婚了，但是殷履安还在苏州，没有过来，当时他还有一个同行的苏州老乡，是英语系的一个老师。到了公园里面，谭慕愚就建议他教国文，他说："予不会讲书。"但是他后来又讲："我是生平第一次要讲演，不知是否出丑。"那时他对谭慕愚已经有点爱慕，谭慕愚让他做演讲，他跃跃欲试，又非常紧张，怕讲得不好。最后他还是做了讲演，他说本来怕口吃说不出话，但却讲得不错，所以在给殷履安信上说"极可纪念"。这是他第二次提到自己有口吃，不过与上次不同，因为这是他写给妻子的私信。

顾颉刚的朋友，包括胡适、罗家伦，也不太了解他恐惧上课，在他毕业的时候还介绍他去北大预科任教。他后来到了商务印书馆，让他编书他是很喜欢的，后来他的疑虑心上来以后，就跟那些编辑相处不来，于是回来了。回来以后去了北大国文系当秘书，也不愿意上课。当时很多人就觉得他不好，他说："我在国文系中本须授课，今乃改为研究教授，不必上课，甚快。"还有一次，他说："校中仍要我教书，予此次任课以买书为要挟，必有书然后开始授课。"顾颉刚这么高产，跟他的性格、情感应该存在一定的关系。

还有一个例子说明了顾颉刚的坚强、坚持和执拗。他离开厦门去中山大学，是傅斯年请他去的，本来说一周最多讲课三个小时，后来傅斯年要他讲的越来越多，他很不愿意，就回到了燕京大学。他对钱穆也是这样，虽然都是苏州人，但是钱穆口才非常好，他有点儿嫉妒。所以他跟学生关系好，跟同事关系很紧张，这肯定跟他的性格有很大关系。他说自己是一个外和内傲的人，绝不能向人屈服，有独立自由的精神。其实顾颉刚当时摧毁古史，在中国学界的影响力跟欧洲马丁·路德批评教皇，可以说是相同的。他如果没有这种坚韧的性格，可能就不会这么做。

顾颉刚有很多这方面的性格特征，所以他永不放弃。他的老同学傅斯年后来做了重建古史的工作，改变了胡适的看法，但是顾颉刚一直到写《中国史学入门》的时候，他还提到他一辈子不愿意用考古史料，但他永远不会放弃校订伪书，这是他的工作，他从来没有放弃过。

至于他的"晚成堂"匾额，要达到晚成的大愿，是他对自己的期待。他在世人眼里可以说是功成名就了，但他依然期望要做出更大的成就。我认为他有三大特点：第一，是比较突出的二重人格，外冷内热，外柔内刚，桀骜不驯，倔强叛逆；第二，是好大喜功，他对他自己的期待非常之高，并为此努力，他特别争强好胜，对他人有很多猜忌怀疑；第三，我发觉他又有苏州人比较柔和的一面，他在日记里跟傅斯年绝交了很多次，但是过两天傅斯年叫他去吃饭，他又似乎兴冲冲地去了。所以他的性格就是二重性格，外柔内刚。

在近代之前，我们的历史书写基本上都重视人的情感，西方中世纪经常讨论上帝、恐惧、爱，都会写在史书里，中国也有很多神话式的记载。但近代以后，强调理性主义，史学的分析就变得非常理性，那些感性的层面就会被剔除掉，这是一个很大的变化。近两百年来，基本上史学家都是这么做的。但最近二三十年有所不同了。比如外交史兴起了所谓的文化转向，其实也是一个情感的转向。外交官谈判的时候会提到他们对对方的印象，但是我们历史研究者往往只在意谈判的结果。事实上，一个外交家的情感世界，也很重要。他喜欢还是不喜欢这个对手，也会影响谈判的过程。如果喜欢对方的人格、品性，也许在很多地方会做出一些让步，但如果很不喜欢，即使可以让步，或许也不让步，这其实是值得重视的一个因素。

当代情感史的研究，可能跟后现代社会的来临有很大关系。情感史研究有一个重大的发现，那就是人的消费行为受到了情感的调控。我们以前比较穷的时候，因为没有鞋子才去买一双鞋子。现在情况已经不是这样，女孩子逛商店，不是为了需要才去，只不过想去逛街，而如果买了一样东西，并不完全是因为这件东西特别需要，而是因为这个东西很时髦，或者别人都买。而追求时髦，便是情感的表现。

情感史兴盛的另一方面与神经医学的发展有很大关系。大家知道现在社会很多人得忧郁症。很多神经医学家就讨论这个问题，能不能找出一种药，可以治愈所有的忧郁症。所以科学家希望通过研究发现人类情感的共性。而历史学家、社会学家则比较注意的是个性，也就是一定时空条件下情感表述的标准和特点。但这两个原因有所交叉，让人重视情感层面的因素在历史变化当中的作用。

2015 年，国际史学大会在中国召开，这个大会主要是欧洲人办的世界历史学家的大会，每五年才开一次，我戏称它是历史学家的"奥林匹克"，2015 年之前从来没有在欧美以外的国家开过。中国从 1995 年开始就一直想申请举办，到 2015 年申请成功了，地点在济南。决定的时候正好是 2010 年，大家都知道 2008 年西方的经济遭受了危机，而中国当时提出了较好的开会条件，后来就决定来中国开会了。其实他们还是有一点顾虑的，怕发言受到限制。后来他们确定了在中国召开大会的主题，共有四个。第一个是"全球视野下的中国"，第二个就是"历史上的情感"，第三个有关革命，第四个是历史研究的电子化，就是数字化的趋势。第一与第三个与在中国召开这次大会显然有关。当时《光明日报》的记者找到我，说准备把四大主题都找一个中国的历史学家做个简评，情感史方面就让我做，因为我当时对这方面已经做了一些研究。其实这个研究与中国学界近来的交流也有很大关系，因为我到北大主要是讲当代史学的潮流，让我比较关注史学界的新动向。目前我的工作是代言情感史研究的重要性。

我研究顾颉刚的文章也出于类似的原因，我刚才讲的这些问题，我们原来在顾颉刚的研究中确实是不太注意的。他为什么这么多产？为什么写这么长的"自序"？他为什么跟别人的关系会这么紧张？他为什么疑古一旦开始之后，就不想改变？他为什么这么倔强？我想在这些方面，通过我们的研究，可能会有较好的解释。从情感方面、性格方面来看顾颉刚的学术，并尝试提出一个不同的解释。

（唐蒙、宋嘉晖、康佳鑫整理）

**图书在版编目（CIP）数据**

国学要义精讲读．1 / 钱婉约主编．—上海：上海三联书店，
2020.1
ISBN 978-7-5426-6888-2

Ⅰ．①国… Ⅱ．①钱… Ⅲ．①中华文化—文集 Ⅳ．① K203-53

中国版本图书馆 CIP 数据核字（2019）第 258732 号

**国学要义精讲读 1**

**主　　编** / 钱婉约
**责任编辑** / 程　力
**特约编辑** / 许　峰
**装帧设计** / 鹏飞艺术　周　丹
**监　　制** / 姚　军
**出版发行** / 上海三联书店
　　　　　（200030）中国上海市漕溪北路 331 号 A 座 6 楼
**印　　刷** / 三河市中晟雅豪印务有限公司
**版　　次** / 2020 年 1 月第 1 版
**印　　次** / 2020 年 1 月第 1 次印刷
**开　　本** / 640×960　1/16
**字　　数** / 133 千字
**印　　张** / 14.5

ISBN 978-7-5426-6888-2/K·555

**定　价：39.80元**